智元微库
OPEN MIND

成长也是一种美好

爱专业 做自己 享自由!

陈欢

单干

成为超级个体的 49 个关键动作

陈欢　著

人民邮电出版社

北京

图书在版编目（CIP）数据

单干：成为超级个体的49个关键动作 / 陈欢著. --
北京：人民邮电出版社，2023.7
ISBN 978-7-115-61403-2

Ⅰ．①单… Ⅱ．①陈… Ⅲ．①个体经营－通俗读物
Ⅳ．①F276.5-49

中国国家版本馆CIP数据核字（2023）第047298号

◆ 著 陈 欢
 责任编辑 张渝涓
 责任印制 周昇亮
◆ 人民邮电出版社出版发行　　北京市丰台区成寿寺路 11 号
 邮编 100164　电子邮件 315@ptpress.com.cn
 网址 https://www.ptpress.com.cn
 天津千鹤文化传播有限公司印刷
◆ 开本：720×960　1/16
 印张：15　　　　　　　　　　2023 年 7 月第 1 版
 字数：200 千字　　　　　　　2024 年 7 月天津第 10 次印刷

定 价：69.80 元
读者服务热线：（010）67630125　印装质量热线：（010）81055316
反盗版热线：（010）81055315
广告经营许可证：京东市监广登字 20170147 号

陈欢是我多年的好友和合作伙伴，是非常少见的既喜欢深度思考，又躬身入局的专业人士。这本书不单单是上百位超级个体成长的经验和总结，更是陈欢亲自运用这些思维、方法和经验求知求真的过程。这本书里全是干货，没有夸大其词。只要你认真读了，并认真实践，一定会收获满满，并把它推荐给你的朋友。

——陈澄波，广州思酷科技创始人

在《单干：成为超级个体的 49 个关键动作》这本书中，我看到了很多熟悉的人。陈欢在工作中有一双善于发现的眼睛，这几年的时间里，他深度访谈了大量专家、作者，也见证了不少妈妈和老师从普通人蜕变为超级个体的过程。他把如何成为超级个体的秘密总结成 49 个关键动作，推荐给每一位不甘平凡的个体。

——吴波，"书里有品"创始人

实干的人都相信实践出真知。陈欢曾经和我共事。他是一名喜欢动手做事的咨询顾问。他写的这本《单干：成为超级个体的 49 个关键动作》，是一本源自真实案例、含金量很高的个人商业指南。我强烈推荐周围的朋友、专家和老师阅读这本书，未来的趋势和发展路径就在书中。

——谢振华，北京商物云创始人，中国商物委主任

我曾经是陈欢老师的访谈对象。当时我的新书刚刚上市。在访谈结束后，他

又多次邀请我深度复盘短视频制作的打法，细致整理关键点，后来我才知道他是为这本《单干：成为超级个体的 49 个关键动作》积累素材。这本书的精彩之处就是汇集了我们不同背景实践者的看家本领，经过系统对比分析，提炼出变现、品牌、动力、学习、选择五大核心板块 49 个关键动作。如果你正在苦恼于如何解决商业化的问题，阅读这本书是你的不二选择！

——廖恒，北京学霸传媒创始人，《极简学习法》作者

在我认识的人里，陈欢有非常鲜明的特质。一般聪明的人容易激进，想做大事，但在陈欢这里几乎从来没有宏大的蓝图、类似"火箭上天"的梦想，有的仅是一点点细节、一件件小事、一个个普通人。另外，在我所认识的咨询顾问中，大多数人都有极强的理性思维框架，有时候会显得有些机械而无趣，而陈欢具备着从既定的逻辑和思维体系中发现和思考新事物的能力。他所说的单干，不是夸夸其谈的话术，也并非不切实际的空想，它切实能让每一个普通人打开新思路，开启新世界，让自己的人生多一份可能、多一分色彩。

——刘捷，喜马拉雅前董事，职场类畅销书作家

人为什么会迷茫？主要有两个不确定：第一，发展方向的不确定；第二，发展路径的不确定。简单来说就是，不知道做什么和不知道怎么做。一个是选择问题，另一个是能力问题。陈欢老师的这本书就是为解决这两个问题而写的。选择问题归根结底是认知的问题，书中重新定义了什么是财富、什么是复利、什么是关键成功要素，一步一步升级你的认知；能力问题归根结底是方法论的问题，书中用各种模型帮你搭建能力结构，让你掌握底层方法和工具，举一反三。如果你正处于迷茫的状态，我强烈向你推荐这本书。

——曾小军，云乔资本创始合伙人，"解码商业模式课"主讲人

怎么把一技之长变成实实在在的收入？怎样一边做自己喜欢的事情一边收获财富？我很幸运找到了这条道路，也很荣幸成为这本书的作者陈欢的访谈对象。

这本书围绕让普通人成为超级个体的五项修炼展开，凝结了上百位超级个体反复提及和践行的方法，能让你少走很多弯路。未来是超级个体的时代，践行书中的方法，找到属于你的赛道，每个人都有机会成为闪闪发光的超级个体。

——厦九九，百万粉丝自媒体人，《5 小时吃透小红书》作者

互联网时代，很多人都在打造个人品牌，希望把个人能力转化为财富，开启创业之路。陈欢老师有非常丰富的商业实战经验，《单干：成为超级个体的 49 个关键动作》可以很好地帮助大家完成这个目标，完美避坑，加速成长！

——无戒，畅销书作家

有很多人写教人致富的书，但很少有像陈欢老师这样真正理解普通人尤其是普通妈妈创业艰难的作者。陈欢老师在工作中陪伴并辅导了大量普通妈妈，用最通俗易懂的语言讲清楚了如何利用好自己的资源和能力，像经营公司一样经营好自己。这是一本让普通人看到更多改变命运可能的书，值得反复研读。

——李佳妮，时尚博主

这是一本写给普通人的商业启蒙书。如果时光倒流，我希望自己在 25 岁时就能读到它。通过这本书，我期待能解决一个困扰我们很久的问题——能力如何转化为财富？

一个工作了三五年以上的普通人，除了加入职场内卷，或者破釜沉舟创业，还有没有其他的选择？能否凭借一技之长，过上自己想要的生活？

解锁这个秘密是我写这本书的初心，也是我在 14 年商业生涯中为之奋斗的目标。我想先给你讲一个没资源、没背景的"小镇做题家"如何成为不上班却经营多家公司的商业顾问的故事。

2009 年，我 22 岁，刚刚结束在韩国的交换学习生活，回国并加入国内小有名气的咨询公司做助理顾问。当时的我外表开朗自信，内心敏感自卑。

我是典型的"小镇做题家"，来自湖南株洲，从小成绩不错。大学期间，我争取到了学校唯一去韩国汉阳大学交换学习的名额，然后拿到韩国 CJ 集团总部战略部的实习机会，并被总部特别写信推荐给中国区，邀请我毕业后直接入职。因此我仿佛已经看见凭借自己的努力，未来越来越好的图景。

一个有一些小骄傲又有很多不甘心的职场新人，加入人才济济的咨询公司，会发生怎样的故事？自动自发地内卷，那是家常便饭。我记得有一段时间，我每天晚上 12 点睡觉，早上 3 点爬起来写方案，7 点前必须写好，赶在上班后第一时间交给项目总监。

在我工作的前 3 年里，我的眼里只有专业能力。我相信只要专业能力过硬，就一定能获得成功，获得财富更是水到渠成的事情。

因为对专业能力有信心，我迫切地希望在商业环境中验证自己的想法，于是萌生了离开大公司出来单干的念头。2012 年，在机缘巧合之下，我顺应移动互联网的浪潮，加入了创业的行业。我们 3 个合伙人打天下，在深圳大学旁边的居民楼里，用 1 年半"烧光"300 万元风险投资，做了一个现在看起来简直不靠谱的交友应用软件。然而，我们没有找到为此买单的人。在工作 5 年后，我再次回到大学毕业时收入和积蓄双双为零的状态。

真实的商业环境给了我一记重锤：从专业能力到商业价值没有那么简单。专业能力很强的人，可能终其一生都摸不到商业化的诀窍。

这就是我在商业上面对的第一个难题——能力如何变现。

后来，我看身边很多朋友，要么在职场内卷中时刻担心下一次被裁员的就是自己，要么脑子一热创业，赔得干干净净且进退两难。尤其是很多女性朋友，当了妈妈之后离开了职场一段时间，想回去时发现已经找不到自己的位置。她们不断尝试做点什么，但学费交了不少，却一直没法获得稳定的收益。

是啊，怎样把一技之长变成实实在在的收入？

被现实击碎的我不再奢望融资上市做大公司，只想做点实在的小生意。随着新业务的蒸蒸日上，小富即安的我又一次看见稳扎稳打、做好今天就会有明天的图景。30 岁那年发生的一件小事，让我重新思考公司的商业方向。有一次，朋友介绍了一位拥有百万粉丝的商业博主给我认识。加上对方的微信之后，我简单说明了来意，做了自我介绍，表达了合作意向。没想到对方直接抛下一句话："不感兴趣，找我合作的人多了，你不知道找商务联系啊。出得起钱就合作，没什么好聊的。"

我像一下子被人敲醒了。我做了多年的商业顾问，辛辛苦苦地投标、做项目，积极主动地为大甲方服务，自以为有资源、有能力，产出的结果甲方都很满意。其实出了熟悉的圈子，根本没有人知道你是谁。换句话说，你就是一个"三无产品"。

这是我遇到的第二个难题——如何创建个人品牌。

为了尝试解决问题，2018 年，我和合伙人陈澄波基于我们在商业咨询领域的积淀，合著了《新零售进化论》。此书简体中文版由中信出版集团出版，其中文繁体版权也同年输出。因为这本书，我被专业的读者发现，一下子进入了新梯队，成了百胜集团（KFC、必胜客的母公司）、海尔、迪卡侬等行业巨头中高管的新零售导师。很多好的项目也抛出橄榄枝，邀请我作为合伙人加入。

最让人意想不到的是，我居然还能进入体制内任职，2019 年，应多年好友谢振华先生的邀请，我挂职担任中国城商联商业物业发展建设工作委员会的副主任，和团队一起筹划覆盖 3.6 亿社区人口的供应链平台，有幸在更宏观的层面见证和学习了商业运作的机制。

这样的机会对于一直在市场环境中小打小闹的我来说，简直遥不可及。除了好友的极力举荐，我的著作《新零售进化论》再次起到了不小的作用，它代表了我的商业思考和实践，别人可以通过它快速认识我的优势。我体会到了个人品牌的价值。

这种变化彻底改变了我，我推翻了自己最初失败时的总结。2020 年 9 月，我正式加入图书推广平台"书里有品"，和吴波、刘建坤两位伙伴一起组成"三驾马车"，再次搏击商海，寻找人生更大的可能性。到目前为止，"书里有品"已经服务了 100 多万名阅读推广人，主要是妈妈、老师和读书博主，还获得了掌阅、书链、羲融善道、葫芦弟弟等产业集团和资本方的四轮投资。2022 年，"书里有品"更是在双减政策的变局下顺利转型，成为众多百亿体量平台、千万粉丝公众号的图书教育类产品的供应链解决方案服务商（简单来说，给这些甲方提供产品）。

有了个人品牌的我，不仅在"书里有品"工作，还兼任多家公司的合伙人，我最常见的工作状态还是和当年做顾问时一样，不是在项目现场办公，就是在去见合作方的路上，剩余时间几乎都在家中工作室里伏案研究和写作，再也没有"打卡上班"。

因为工作的关系，我需要访谈作者，培训个人 IP。我的视线也从由大企业、大公司的 CEO 和高管领导的组织与团队，转移到了宝妈、老师、作者、知识 IP、行业专家、中小企业老板等个体的身上。

我原本的想法是把自己在企业级营销领域的经验"降维"复制给他们，但很快我发现了一个令我大开眼界的事实：

他们中很多个体的工作和生活状态，比大公司的高管或创业公司的老板更精彩、更让人羡慕。

以我熟悉的某位儿童教育专家为例。他的主职工作是高校老师，他在业余时间写作。他出版了多本教育类畅销书，并配套开发了培训课程。图书由出版社负责推广，课程授权给了专门的经纪公司。他只需要做自己最喜欢且擅长的工作——写作和教学，偶尔配合出镜录制短视频和直播连线的工作。一个人加上几个学生助理，一年保守估计有四五百万元的税后收入。

我和他接触后感受到他发自内心的幸福感和对于专业的热爱，他真正在做自己喜欢的事情，有丰厚的收入，而且还有时间陪伴家人、读书学习、发展兴趣爱好。

当然，我还接触了很多普普通通的妈妈和老师。他们中有的已经觉醒，早早地踏上了自己的个人商业成长之旅。

这些觉醒的人原来的工资从四五千元到两三万元不等，有的在小城市朝九晚五地工作，有的在大城市起早贪黑。他们现在做社群负责人、自媒体博主、知识付费老师，一年的收入有 30 万元到 50 万元，而投入的时间可能只有原来的 1/3，真是带娃、学习、赚钱三不误。

我开始思考一个问题：很多人是不是和我一样被主流商业的宏大叙事给误导了，在一场看不到头的竞争中疲惫不堪。要想升职加薪，就必须无休止地加班，尽快从专业岗位走向领导岗位。这样才有可能实现年薪百万的梦想。要想当老板挣钱，就必须冒着巨大的风险，奔着一轮一轮的融资上市，花钱雇人，没日没夜地操心，顾不上家庭。

对于更多的人来说，如果能把磨炼多年的专业能力，好不容易积累的行业资源，想个办法做成产品卖掉，过上收入不错、有成长空间、有时间陪伴家人的生活，不是更好的选择吗？**这就是我所说的"单干"。它不再仅仅意味着一个人脱离组织形式去当个体户，而更像一种新的商业思维模式——把自己当作公司来经营，每个人都能成为自己的 CEO。**

无论你选择在公司上班，还是出来创业；无论你一个人经营工作室，还是几个人合伙经营，或是利用业余时间做做副业；从你选择把自己当作公司来经营的那天起，你就成为一个商业意义上真正独立的个体，不再被动地响应别人布置的任务，而是主动探索实现自我商业价值的可能性，承担风险，享受收益。

事实上，我周围有越来越多的朋友选择了这种方式。他们中有人经过短短几年的时间就达成了年入百万甚至千万的目标。**这群人被称为"超级个体"，也是我这些年研究的对象。我希望从他们身上找到单干的商业方法，找到一条帮助更多的普通人成长为超级个体的路径。**

"超级个体"现在已经成为显学，在社交媒体上热度很高。我将"超级个体"理解为一个人就是一家公司，通过个人能力变现的模式实现年入百万甚至千万的目标。这是一个很粗糙的描述，但是在交流中我发现，这么说更好理解。

首先，超级个体一定以个人为核心，人即产品，所以提供的大多是课程、培训、咨询、专业服务、销售渠道等非实物产品或服务。当然其他一个人就能完成的产品也可以算在内，比如书稿、手工艺品、软件、技术专利等。

其次，人少收入高，单人的商业化变现能力要朝着年入百万的目标看齐。一个人加上一两个助理就是一家公司。不需要融资，也不需要上市，甚至有没有办公室都无所谓。最重要的是能够持续稳定地产生收入。

在锁定超级个体为研究对象后，我开始了自己的研究和实践。

我是怎样做的呢？我用的就是访谈的方法，在本书 4.8 节中我会将它分享给大家。访谈是最好的成长工具。

从 2021 年开始，我每周借助公司平台邀请一位作者老师进行直播访谈。2022 年，我又专门做了一档叫作"个体学派"的节目，访谈各行各业的超级个体。

在一年多的时间里，我在公开和私下场合累计访谈了上百位超级个体。我主要问他们以下两个问题。

第一个问题：你是如何一路走来的？

第二个问题：你做了哪些关键动作？

第一个问题让我看到了，背景与起点不同的普通人究竟抓住了哪些趋势、做对了哪些事情。第二个问题帮我从众多商业工具、打法中找到对普通人最有效、最好用的关键动作。

随着时间的累积，横向对比、分析上百小时的访谈记录后，我发现超级个体的商业方法看似各不相同，其实本质是一样的。

通过合并同类项，我找到了他们在关键时点做出的关键动作。如果大家都提到这个关键动作，这很可能就是有效动作。

比如，他们中没有一个人是抛开过往积累，另起炉灶从零开始的。在正式商业化之前，他们都有一段时间将能力当作兴趣爱好试水变现，打磨专业能力的同时积累用户。又比如，自媒体几乎是所有人的标配，最开始没做的人后来都想办法补上了。

还有一些结果比较反直觉，与主流的商业理论相悖。但太多人都给出了相同的答案，让我不得不在反复验证后承认，可能这才是真正的答案。

比如，没有人在访谈中提到管理和领导力，但内心的动力被反反复复多次提及。不少超级个体在觉醒之后，并没有接受很多与经营管理相关的培训，也拿到了不错的成绩。他们反而花了很多时间向内追寻，找到内心真正的动力。他们会把持续稳定的输出看成最高的赞誉。他们遇到的最大困难是无法保持足够的动力和热情，在看不到结果的迷茫中心无旁骛地努力。

又比如，在具体的商业打法上，很多创业类图书都建议普通人从提供入门级的低客单价产品入手，慢慢升级做高客单价产品。有的甚至还专门教人如何从低端市场一点点颠覆行业。然而，在我访谈的数百人中，90% 的人一开始就做高客单价产品，至少核心产品的定价在 1000 元以上。原来高端服务比低端的标准化产品更适合超级个体。

············

通过访谈，我兴奋地看到了未来 20 年一股势不可当的趋势。企业的边界在模糊，个体在崛起，越来越多的人从企业中游离出来，用自己的专业能力找到自己独特的商业价值。自媒体的兴起只是一个开始。未来是超级个体和超级平台的时代。越来越多的企业开始转型，提供基础设施和生态支持，让个体发光发热。在我研究新零售时，大家称这种模式为赋能、中台、S2b2c[①]。当我研究超级个体时，我发现这不过是硬币的另一面。

回到这本从访谈到成稿历时两年的书上。怎样从上百种复杂的商业打法中找出普通人进行能力变现最需要的那么几十种简单实用的方法？如何把这些方法以合理的形式构建成知识体系？

我思考了很久，最后借鉴了对我影响极深的一本商业启蒙书《重来》的写法：每节相互独立，只讲一个关键动作，介绍一个案例，并推荐一本拓展阅读的好书。我相信一定有那么几个点能切中现在困扰你的问题。

全书分为 5 个篇章，分别对应超级个体的 5 项核心能力，总共提炼出 49 个成为超级个体的关键动作。

---

① S2b2c 是集成供应商赋能经销商，共同服务客户的新型电子商务营销模式。S 指供应商，b 指经销商，c 指客户。

变现篇，解决如何把能力打包成产品并获得商业回报的问题。

品牌篇，解决如何建立行业影响力并精准获客的问题。

动力篇，解决如何把梦想转化为行动的内驱力问题。

学习篇，解决如何将知识变为生产力和护城河的成长进化问题。

选择篇，解决如何在混沌中把握趋势并规避风险的决策判断问题。

本书提到的这些关键动作，很多看起来平淡无奇。在访谈中，最初我也感觉这些道理都似曾相识，有些我早就在书中看到过。两年多研究与访谈的结果汇聚成这本书的真正意义在于**筛选**——只选择了 49 个被超级个体反复提及、强力推荐的关键动作。

历史不会完全重复，但总会压着相同的韵脚。请相信，你今天遇到的困扰，早就有人遇到过，总有人用更好的方式做你现在做的事。你需要的只是找到答案。

如何用好这本书

1. **整本书围绕帮助普通人成为超级个体的 5 项修炼展开，建议先简单理解内在逻辑，再详细了解具体方法。**

变现，解决现实的生存和发展问题，为其他板块的发展提供基础。

品牌，为变现提供势能，为影响力的积累提供容器。

商业变现和个人品牌是超级个体最容易被感知的发力点，但不是超级个体的全部。

所有的动作都需要强大的内心驱动力。

动力，把梦想变为持之以恒、脚踏实地的具体动作。

此外，长期来看，超级个体的成长也离不开持续学习和在关键时点做出正确选择。

学习，不断地吸收外界知识并将其转化为自身的成长。

选择，为努力找到正确的方向并规避风险。

以上 5 项修炼共同成就超级个体，缺一不可。为了方便理解和记忆，我将它们概括为"名利心智策"，具体可以参考图 I-1 的沙漏状模型。

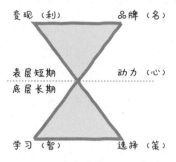

图 I-1　超级个体的 5 项修炼

2. 每节围绕一个问题，介绍一个关键动作。访谈案例来自访谈结果的汇总提炼，为了方便理解而配上一个超级个体的真实故事（有时是我本人的故事）。受限于篇幅，如果你想深度了解、系统学习，每节会推荐一本与所述内容相关的经典好书。

3. 本书是一本实用方法指南，每节相对独立，你可以从任何一节开始阅读。

本书所讲的 49 个关键动作其实理解起来并不复杂，我在和朋友分享时经常随手拿起纸笔写写画画，绘制成一张张图谱，没想到大家都说这些简单的图谱效果特别好，让人一下子就记住了关键。于是我也把这些图谱放在了每一节。

完整版的图谱资料我也放在企业微信上了，扫描下方的二维码，发送关键词"图谱"，即可获得。

推荐你下载图谱并打印成小卡片，遇到问题时拿出来翻一翻，可以启发思路，让你少走弯路。

让我们开启超级个体的成长之路吧！

目录

00

认知篇

为什么单干能实现财富自由

我想先告诉你一个秘密：认知篇本来是不存在的。

在我写完后文中关键动作的全部内容后，朋友提醒我："你做了一个想当然的预设——所有读者都已经清楚地知道成为超级个体的好处，且迫切地希望学习单干的方法。"

真是一语惊醒梦中人，我也不知不觉地陷入"知识的诅咒"。因为周围有太多人通过单干的思路实现了财富自由，所以我自动忽略了解释"为什么单干能实现财富自由"这个重要的问题。

认知改变是拨动命运琴弦的开始。我们看待世界的角度决定了我们未来的可能性。

所以，我想用简单的语言和真实的案例为你解答一个问题：为什么单干能实现财富自由？

我们需要先澄清一个概念。我们在这里讨论的"单干"，并不是单打独斗的意思，而是一种商业认知，以及由这种认知衍生出来的商业模式、商业方法和商业实践。

在四五年前，我们提到单干，会本能地以为它是指脱离公司等组织形式，自己一个人做生意。

现在单干有了更丰富的内涵，可以将其理解为把自己当作一家公司来经营的商业认知。每个人都应该成为自己人生的 CEO，主动思考自己的商业模式，重新审视那些自己被动接受的工作和任务，重新思考那些看似理所当然的结论，从而开启新的可能。

为什么单干能实现财富自由？

有 3 个重要的趋势决定了单干并成为超级个体是目前新商业环境下人们实现财富自由的绝佳选择。

一是商业基础设施的完善让个人有可能拿回原本属于自己的利润。

放在 10 年前，你敢想象一个普普通通的老师，不懂编程技术，不会营销，单枪匹马地在网上讲讲课，一年就有好几百万元的收入？这背后离不开商业基础设施的高速发展和完善。

先来看产品。课程录制好了，你不需要再去开发专门的平台和商城，直接用第三方工具，不懂编程技术也可以轻松把课程变成自动售卖的知识产品。

再来看销售渠道。打开手机并创建直播间，对着镜头展示你的专业能力，解答观众的疑惑，抖音、视频号上自动就有成千上万的陌生人成为你的潜在客户。

如果你想设计海报，网上有成型的模板，不需要会设计软件，你直接在模板上替换图片和文字，就能一键生成海报。

如果你不懂经营，找一家合适的机构，其专业的团队会帮你解决短视频拍摄、直播运营、社群运营等一系列复杂的问题。

所有原本需要在公司内解决的问题，现在都可以在公司外找到对应的替代方案。也就是说，在公司认为没有任何一个员工不可替代的同时，员工也会发现没有任何一家公司不可替代。

公司的边界在消解，与之对应的是个人开始发现自己所创造的真实价值。

在某个机缘巧合下，你可能从客户、合作方或者离职的老同事那边了解到自己工作的市场价格，然后你开始大胆地设想，如果能解决销售难的问题，自己一个月的收入就可能增长好几倍。你开始有意识地学习和提升商业能力，事实上只要突破了认知的局限，商业能力并不像你原先设想的那般复杂。本书中，变现篇、品牌篇只用了二十几个基本模型就解决了至少 80% 的重难点问题。我们换个角度想一下，很多小商小贩的文化程度并不高，也没有受过专业的经商训练，照样能把生意做得风生水起。这说明大多数人都可以学好商业知识，提升商业能力，所以"单干"的商业认知首先要帮你打破"打工"的思维。无论你是否真的准备创业或单干，你都应该看懂打工的本质。牺牲一部分通过工作创造的价值确实能换取暂时安稳的工作环境，而如果你能花点心思，搞清楚自己每个工作环节是否能借助外部商业基础设施，你就有很大的概率让自己的收入增长好几倍。

二是内容杠杆和节点经济可以指数级提升个人的变现能力。

硅谷知名天使投资人纳瓦尔在《纳瓦尔宝典》中反复提醒大众"代码和媒体是新财富阶层最好的杠杆"。一个人希望通过个人努力实现财富自由，必须找到属于自己的杠杆。什么样的杠杆才能为人所用？答案很简单——那些无法被垄断的杠杆。内容和技术恰好是为数不多的比较难被垄断的杠杆。如果你走的是研发方向，在高科技领域专研技术大有可为。如果你和我一样并不是技术型人才，那么内容是我们目前几乎可以无条件调用的低门槛杠杆。

为什么内容杠杆能提升一个人的变现能力？

我们先来看一些简单的事实。

董宇辉的走红直接让新东方用短短一年多的时间从教育赛道无缝切换到直播电商赛道，连公司的名字都从"新东方在线"变成"东方甄选"。

我访谈过一位理财顾问，他靠着业余时间在视频号上讲解理财入门知识，每个月能获得 50 多条精准客户线索，收入是过去的三四倍。

还有我自己，因为坚持在专业平台和社群中分享干货，每个月总能结识四五位重要的合作伙伴，我们合力拓展百万级体量的业务渠道。

在新的商业环境中，内容能极大地放大个人价值。在算法的助力下，内容既可以让成千上万的陌生人了解你、信任你，也可以让你从海量用户中精准地找到最有可能购买你产品的人。

只要用心创作内容，往往会有客户顺着内容找过来。如果你创作的内容火了，发给你账号后台的咨询单可能接都接不过来。

不仅如此，内容本身也可以成为产品的一部分。象征轻资产的服务行业在国民生产总值中所占的比重逐年增加。你想想，个人想要创立一个电商品牌，或者想开一家线下门店，那是多么不容易啊；但是用你积累多年的专业能力一年服务二三十个客户，就简单多了。借助内容你能在线上完成大部分服务的交付工作。

影响个人变现能力的另一个趋势叫作节点经济。

在现代商业社会中，大家都生活在一张张由信息技术织成的网络中。在计算机领域里有一个神奇的梅特卡夫定律，简单来说就是网络价值等于网络节点数的平方，所以节点数越多，网络越有价值。反过来看，很多时候人与人也不是直接连接，而是通过节点人物连接的。一个人能连接的人越多，能影响的人越多，他的潜在的商业价值也就越大，所以有了关键意见领袖（Key Opinion Leader，KOL）和关键意见消费者（Key Opinion Consumer，KOC）。现在几乎所有的品牌方都知道，谁能驱动 KOL，谁就能驱动消费者。因此 KOL 在新的商业关系中展现了前所未有的商业价值。一个人的商业价值等于他背后连接的所有人的商业价值；而被他连接的人的价值又等于其背后连接的所有人的价值，这么一级一级地传递，就会形成一张新的价值网。

三是人工智能（AI）的大规模商用倒逼个人从事热爱的事情来实现财富自由。

人工智能（AI）悄悄地推动工作的质变。先说结论，我认为很难让人产生热爱的效率型工作将快速被 AI 替代，人的时间将被解放出来，人们将更多地从事自己真正热爱的事情，并被倒逼着为热爱的事情找到商业模式。

AI 会从最基础的效率型岗位开始不断占据人类的工作，迫使我们转而从事充满创造力的，或者需要情感互动的这些 AI 比较难替代的工作。

很多人走上单干的发展模式就是因为在原来的工作中找不到热情。有公司高管转型成为瑜伽老师，有基层公务员转型成为心理咨询师，有程序员转型成为财富规划师，还有更多的人成为博主、作者、讲师、顾问、主播、KOL 等。

在单干的思维模式下，工作不再是公司安排的任务，而是自定义的主动选择。一旦你开启单干模式，你就必须认真思考什么是自己真正热爱的事情，并将其设计成能变现的商业模式。

与其找到高薪职业然后试图热爱它，不如通过做自己热爱的事情获得丰厚的收入。

所以通过单干成为超级个体是顺应时代趋势的，单干能让人最大限度地利用好商业基础设施，借助内容杠杆和节点经济成百上千倍地放大个人的价值。在 AI 替代人力的新变局下，我建议你主动选择自己热爱的事情，从而为他人也为自己创造更大的价值，最终实现财富自由。

01

个体商业的极简变现法

挣不到钱是因为你不够稀缺

挣钱太少是因为你不懂杠杆

用杠杆撬动稀缺，提升个人价值

就这么简单

1.1 认真琢磨挣钱不丢人

怎样才能提高挣钱的能力？

为什么学了很多知识还是挣不到钱？

为什么能力比别人强，收入却比别人低？

人的一生离不开三件事：锻炼身体、获取财富、寻找意义。

无论你是上班族，还是全职妈妈；是热爱专业的老师，还是追随兴趣的自由职业者，你都需要思考如何挣钱这件事。

有人说："我在思考啊，每天都在想如何升职加薪，如何赢得客户。"

其实，这只是商业大模型中的一个小模块。

在商业思维上，你会发现：

小白，天天琢磨给别人挣钱的能力；

高手，不断琢磨给自己挣钱的能力；

大神①，让别人琢磨给自己挣钱的能力（见图1-1）。

图1-1 琢磨挣钱不丢人

① 大神：互联网流行用语，指神一般的人物，通常在相应的领域具有高超的能力。

想挣钱但不琢磨就像想考清华、北大但不努力。

很多商人厉害的点就在于，他们自己明明什么都没有，却能调动资源解决复杂问题。他们会琢磨如何将复杂问题拆解，再逐个击破。这就是他们每天在做的"商业数学题"。只不过商业世界的难题通常没有现成的答案，他们在见招拆招的过程中积累的不是公式和概念，而是直觉。再后来，直觉形成了本能性的肌肉记忆，让他们解决一般问题几乎可以不假思索。这种肌肉记忆就叫作商业常识。

为什么优秀的企业家每天能处理好上百件大大小小的事情，而普通人反复研究几天可能还是会在一件小事上想不清楚？因为普通人接受商业常识训练的机会少得多，遇到任何事情都需要从头开始分析、判断，就像解任何一道数学应用题，都需要从推导公式开始，自然费时费力。

这本书接下来的每小节内容都是被无数超级个体反复调用并验证的商业常识。它们看起来就像本节的标题一样平淡无奇，甚至理所当然。不过，我花了10年才意识到，当年我走过的那些弯路就是在这些"理所当然"的问题上想多了，或者想偏了，做了一些自以为很高明，其实违背商业常识的事情。

比如，我会为拿到了很多有潜力的业务而自鸣得意，却忽视了在任何时候都应该抓住关键成功因素的商业常识。又比如，我会设计出复杂精妙的商业模式来应对竞争，却忽视了每多一个环节，就离钱远了一步的商业常识。

以上种种，我会在后面的内容中逐一提及。

总而言之，我想在本书的第一节对你说一句话。我知道你不一定会当回事，因为曾经也有无数前辈对我说过，但我没当回事。直到在某个赚钱或者亏钱的瞬间，我才会想起这句话：

从今天开始，认真琢磨如何挣钱吧！

── 我的案例 ──

10多年前，我在咨询公司上班的时候，晋升一级工资大概涨5000元。

为了早日晋升，我把关注点都放在了如何提高专业能力上。在我看来，过硬的专业能力才是挣钱的王道。3年后，我带着自己练就的一身专业本领，加入了移动互联网项目的创业大潮中，满心期待自己能大展拳脚。结果却不尽如人意，两年时间，我赔光了 300 万元。那时候我才意识到，自己的商业能力在真实环境中有多差劲。

痛定思痛，我不得不开始琢磨一个很现实的问题：我要如何活下来，如何挣到钱。毕竟活下来比什么都重要。我回到了最简单的模式，给之前的甲方客户做培训，讲我认为最没有技术含量的沟通类课程，一天能挣 5000 元。一个月只要上 2 天课，我就能活下来，然后用其余 28 天继续寻找新机会，就这样慢慢找到了突破点。

─── 推荐好书 ───

《重来：更为简单有效的商业思维》，贾森·弗里德，戴维·海涅迈尔·汉森，中信出版社，2010 年出版。

如果你刚刚接触商业，我推荐你一定要读《重来：更为简单有效的商业思维》。这本对新手友好的商业书，让你不会被复杂的商业理论劝退。

这是大名鼎鼎的科技公司 Basecamp 的创始人"顺手"写的书。Basecamp 这家公司于 1999 年成立，员工不足 100 人，从没拿过风险投资，却做到了年年盈利从不亏损，穿越了一个又一个的经济周期，在 2014 年就实现了人均年收入 300 万美元，还研发了著名的技术框架"Ruby on Rails"，简直就是"别人家的公司"。

《重来：更为简单有效的商业思维》里没有复杂艰深的大道理，全部都是商业常识。比如，"计划即瞎猜"一节里有这样一句话："放下你的臆测吧，现在就决定你这周要做什么，不必去管全年的计划。"这让我豁然开朗，不再纠结于长期计划，转而催促自己早点起身实践。

《重来：更为简单有效的商业思维》一书的副标题是"更为简单有效的商业思维"。其实我写这本书也是受到了这个副标题的启发。10 年前读，感触不深；现在重读，才发现走过的弯路早已在书中指明——这么简单的商业常识，写得明明白白，当年怎么就没有看进去呢？

推荐理由：世界顶尖"小而美"公司老板写的极简商业指南。

1.2 像经营公司一样经营自己

老板和员工的思维有什么不同？

经营商业需要具备哪些能力？

普通人如何提高商业能力？

每个人都是一家"无限责任公司"的董事长，这家公司的名字叫"自己"。

如果你从来没有思考过"自己"这家公司存在的意义，那么你一辈子都只能做"代工厂"。桥水基金创始人、《原则》一书作者瑞·达利欧说过："如果不想过被他人主导的生活，你就必须自己决定怎么做，而且有勇气去做。"

一旦觉醒，一个人看待工作和发展的视角会和之前截然不同。

如何看待工资？你是不是觉得发工资就是你交付工作成果，然后老板按月给钱？事实上，你的工作成果在未来还会持续地产生收入，工资相当于买断了你的成果，后续收入就与你无关了。

如何看待流程？公司尽可能把每项工作规范化、标准化，让工作缺了谁都没关系。大家都是流水线上的熟练工，都变成了零件，而零件是随时可以被替换的。如果不能及时觉醒，努力发掘自己对他人、对社会的独特价值，我们很容易被卷入比拼效率的无尽内卷中，最终被机器和 AI 替代。

所谓觉醒，即一个普通人开始有经营自己的意识，认识到自己是世界上独一无二的个体，而不是流水线上无差别的劳动力，可以单纯地作为工具被利用、被消耗。懂得经营自己的人，选择哪条路径都可以成功，无论上班还是做生意，都能掌控自己的命运，积累时间的价值。

在竞争日益激烈的职场环境中，女性面临更多的实际困难，更需要早点看清楚商业世界的真相。因为工作原因，我给数以万计的妈妈讲商业启蒙课程，发现她们中的很多人在商业上觉醒的时间都出奇地一致：怀孕生子离开职场，归来遇到瓶颈，于是索性离职，自己想办法挣钱，最终拼出一条路，在实践中学会了挣钱的方法。

怎样经营自己？其实并不复杂，把自己当成一家公司来思考即可。

公司有多个部门，像经营公司一样经营自己的人，需要学会这套思维框架，把自己拆分成多个"部门"（见图 1-2）。

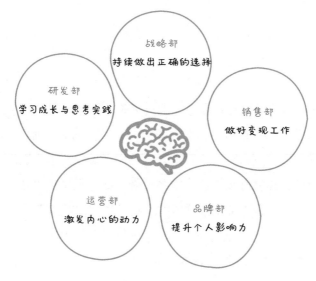

图 1-2　像经营公司一样经营自己

从这套框架来看，不懂商业的新手只有"运营部"，没有"销售部"——只会接活、干活，不会把工作打包成产品售出。而商业高手至少有以下 5 个"部门"。

销售部，做好变现工作。销售部需要把握用户需求，设计商业模式，把产品销售出去，从而获得收益。站在销售部的视角，个人要先想清楚一个关键问题：如何把自己的一技之长打包成产品售出？

品牌部，提升个人影响力。品牌部的核心任务是打造个人品牌，提升影响力，积累用户和潜在合作伙伴。品牌影响力会让销售过程变得简单，让你更容易被潜在的客户看到，也让你更有底气选择优质的客户。

运营部，激发内心的动力。用每日、每周、每月、每季度和每年的 KPI 激发内心的动力。所有的梦想都离不开脚踏实地的行动，强大的行动力是取得非凡成就的必要条件。

研发部，学习成长与思考实践。研发部的工作立足于个人成长，通过不断精进专业能力，持续拓展多元思维，让自己在学习中飞速进步。学习能力是人生的加速度，是商业的护城河，是个人的核心竞争力。

战略部，持续做出正确的选择。战略部的工作是找到方向并做出选择。人生的高度，是一系列选择相加的和。选择大于努力。持续做出正确选择，少做错误选择，在变化中寻找不变，在复杂中寻找规律，是战略部的考核指标。

——(访谈案例)——

刘捷是一位职场教练，他用5年实现了别人15年都不一定能做到的跃迁。大学毕业后，他进入一家国企做财务工作，和所有职场新人一样，每天就是按部就班地完成固定工作，想要晋升谈何容易，除了慢慢熬资历，好像没有其他出路。他在回顾当年时说，他有一点做得特别好，即有经营自己的意识，知道主动找事情做。虽然他身在财务岗，但关注的事情远超自己的岗位职责。比如，为了能在上班时间学习专业内刊，他在汇报材料中主动增加了行业研究汇总的板块，给自己主动加活。他不舍得浪费一分钟时间，别人不慌不忙做一天的工作，他经常开足马力大半天就做完了，为自己留出时间学习内刊，撰写汇总报告，在职场初级阶段就站在负责人的视角研判问题。

此外，其他人不太愿意做的琐事，比如接待来访人员，他也干得很用心，会专门为每一位来访人员准备额外的行程指引。有一次，单位的高管与来访嘉宾开会时，来访嘉宾顺口说"把小刘一起叫上吧"。于是，刘捷就获得了一次特别宝贵的展示机会，并给对方留下了深刻的印象。

懂得经营自己的刘捷，在27岁就成为国有上市集团最年轻的董事长秘书，36岁开始在外资企业担任中国区投资总监，40岁时成为独角兽企业的董事。

后来，他写了一本书叫作《像经营企业一样经营自己》。在访谈刘捷的过程中，他给我的最大感受是通透，在人生的不同阶段始终心怀理想，积极主动地选择自己的道路，并不断从小事做起，持之以恒。

───（ 推荐好书 ）───

《像经营企业一样经营自己：人人都能学的职场规划术》，刘捷，浙江大学出版社，2019 年出版。

如果你还在职场打拼，你就可以读一读这本教你用经营思维来做职场规划的实用好书。

这本书可以看成作者多年职场经验的提炼。将企业的经营管理思想应用于职场中，能帮助读者更高效地做好职业生涯管理，更充分、更稳定地释放个人价值。

有了经营自己的理念，还需要具体方法。比如，如果你是专业型人才，你就要像草一样，把根牢牢地扎在一个地方，好好修炼专业能力，无论外部环境怎样变化，都不要轻易地随波逐流；但如果你是销售、市场、财务等通用型人才，你就应该综合应用多领域的知识技能，不轻易放过任何机会，像羊一样只要能吃到的草就努力争取吃到。

作者自己就选了羊的发展路线，从财务的职能岗一直做到 CEO。

我读完这本书之后，用这套理念重新梳理了过往的经验，深有感触。之前虽然没有这么清晰的认知，但我也在不知不觉中实践了这一理念，误打误撞地做对了不少事情。如果能早点系统学习，目标一定会更加清晰。

推荐理由：曾位居得到新书排行榜第一名的职业生涯规划指南。

1.3　一人公司

创业风险太大怎么办？

我只懂做事，不懂营销怎么办？

怎样把生意做大做强？

生意做得好不好，看什么？

我觉得，**小白看规模，高手看现金流，大神看人效**（见图1-3）。

图1-3　商业理解的三个阶段

对于很多人来说，公司规模越大越好。每次出去交流，总有人问我："陈老师，你们公司有多少人啊？"言外之意，是想通过员工数判断公司的规模，进而判断我的实力。

规模就等于实力吗？

巴菲特的伯克希尔－哈撒韦公司，总部只有20多名员工，这20多名员工管理每年有450亿美元利润的商业帝国。[①]看似规模很小的公司却实力惊人。我们

---

①　OYEDELE A. If you want to work in Berkshire Hathaway's Omaha office，start looking for another job［EB/OL］.（2016-02-27）［2023-03-16］.

不妨引入新的评价体系——人效。

所谓人效，就是每个人在单位时间内创造的价值。如果一家公司雇用了 1000 名员工，每年净利润 1 亿元，按净利润算的人效就是 10 万元。如果 3 位律师联合成立了一间法律工作室，每年净利润 300 万元，人效就是 100 万元。显然，后者的人效更高。

在新的商业时代，人效奇高的企业不断涌现，其典型代表就是"一人公司"。"一人公司"并不是指公司只有一个人，而是以一个人为核心的"小而美"的企业。常见的形式有专家工作室、自媒体工作室等。

比如，我接触的妈妈群体和老师群体比较多，他们中有的开了个人工作室，做儿童专注力的课程；有的在视频号做生活博主，直播带货；还有的通过社群带领几万人推广图书。他们每个月的收入从几万元到十几万元不等。

如果你期望每年有 100 万元的收入，那么你应该选择不断晋升成为年薪百万的高管，还是开辟自己的一片天地？后者其实简单很多。

市面上很多教创业的书是根据上市公司的成长路径来设计的。比如，它们会花很大篇幅教你如何做管理。事实上对一人公司来说，最重要的不是管理，而是产品。

对一人公司来说，最重要的资源是客户的信任。我们并不需要追求盲目的扩张，持续发展、保持盈利，比什么都重要。

其实一人公司是一种商业思维。无论在职场打拼还是做生意，每个人都可以是一人公司。公司只是降低内部交易成本的容器，方便你合法合规地开展业务，是否真正注册一家公司并不重要。

比如，有不少妈妈和老师在我们团队所经营的平台上通过销售图书，每个月获得几万元的副业收入，交易流程由平台帮忙完成，他们没有也不需要成立公司。

——(访谈案例)——

尹艳是一名来自湖南的普通妈妈。她和先生在深圳做安防器材的生意。

后来因为有了孩子，尹艳对儿童阅读产生了浓厚的兴趣，经常在线上线下组织读书活动。虽然内心很充实，但是现实的收入问题还是摆在她眼前——她的收入几乎为零。关于如何在热爱和商业回报中找到结合点，尹艳做了很多尝试。最开始，她加入一家总部远在北京的读书会，远程兼职做社群运营，但收效甚微，不少早期参与的妈妈因为收入问题纷纷离开，转做其他副业。后来，为了寻找更多机会，她专门考了好几个阅读类的等级证书，并系统学习社群运营、自媒体方面的课程。慢慢地，开始有机构邀请她去线下辅导妈妈社群开展读书会、寻找推广童书的项目，她的收入开始增加，每个月能达到上万元。于是，她正式决定把兴趣作为事业专门运作。她开始花时间招募和培养团队，制定运营规则，甚至还给帮忙运营社群的其他妈妈发"工资"。虽然还没有注册公司，但尹艳已经公司化运作事业了，下一步，她希望孵化出更多像自己一样的个体。

───── 推荐好书 ─────

《一人企业：一个人也能赚钱的商业新模式》，保罗·贾维斯，电子工业出版社，2020 年出版。

拿到这本书的时候，我一下子就被书名吸引了。原来一人企业不仅发生在中国，也是全球的趋势。作者保罗·贾维斯曾为雅虎、微软、梅赛德斯－奔驰和华纳音乐集团等大企业服务多年，也曾担任著名运动员奥尼尔的个人品牌顾问。在书中他提到了一个趋势——越来越多的人开始为自己打工。过去有严格规定和登记制度的企业，正向着自由灵活、自主度更高的模式转变。

虽然书中列举的都是国外的案例，但那些以一己之力追求热爱的事物并收获幸福、充实人生的普通人，让我感到既亲切又熟悉。

读完之后，我更加坚信，未来是超级个体与超级组织的时代。新时代的个体户，将从小商小贩拓展为有一技之长的知识工作者。

推荐理由：看见各行各业经营一人公司的真实案例。

1.4　一份时间卖多次

什么是个人最重要的资源？

怎样做到收入比同龄人高几倍？

为什么每天都很忙但挣不到钱？

个人商业的本质是卖时间。

在我看来，小白一份时间卖一次；高手一份时间卖多次；大神买卖别人的时间（见图 1-4）。

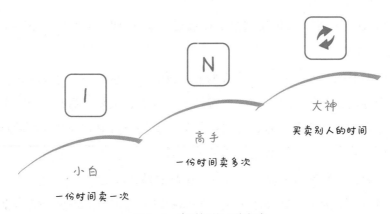

图 1-4　卖时间的三种方式

刚刚参加工作的人，以批发的形式卖时间，拿固定的月薪。工作了一段时间，老板说年底按照绩效给激励，算下来激励有可能超过大半年的工资，这时候我们有了对结果负责的浮动薪酬。以批发的形式卖时间，不太好计算时间的价值，因为你拿到的薪酬是公司认可的价值，而不是凭本事创造的价值。

只有你离开公司、独立从事商业活动，真正开始以零售的形式卖时间时，时间的价值才可以被清晰地衡量。

不过以上都还是一份时间卖一次的模式，这个模式最大的问题在于天花板比较低。通过简单的公式：**总收入 = 单位时间收入 × 工作时间总数**，我们来思考如何提高收入。显然，工作时间总数不可能无限延长，毕竟每个人一天都只有 24 小时。单位时间收入倒是能想办法提高，但高到一定程度再往上提升难度也不小，这意味着你要成为业界数一数二的高手，从概率上看也只有万分之一，甚至更低。

我们不妨切换到第二种模式：一份时间卖多次。把你的专业能力、资源打包成产品，最好是边际成本几乎为零的产品，也就是多卖一份几乎不用额外付出成本。比如，开发一个程序、写一本书、设计一门课程，这样时间就可以被多次销售了。

打包产品卖时间的模式，在国内也一再被众多知识博主验证。比如，《通往财富之路》课程的主理人李笑来曾在 2005 年写了一本《TOEFL iBT 高分作文》，他坦言接下来 7 年里所有生活开销都来自这本书的稿费。

第二种卖时间的模式需要掌握一项极其重要的能力——产品能力。简单来说，就是理解需求，设计产品，并满足需求的能力。你需要把一技之长打包成不再依赖你本人时间的产品形态，让产品自己去销售自己。这对普通人来说是一个巨大的飞跃，也是前所未有的挑战。

纳瓦尔说："财富是在你睡觉时仍能为你赚钱的资产。"只要突破了产品能力的关卡，财富自由就已经在不远处招手。

第三种模式是买卖别人的时间，这其实是现代社会的隐藏机制。最近几年个人商业的崛起离不开商业基础设施的完善。在非核心环节，如果你感到吃力，可以去找一找第三方工具或者外包服务方。商业基础设施的本质是提供购买别人时间的机会。每个人都可以只做自己擅长的小模块。至少知道去哪里购买别人的时间，怎样利用好商业基础设施是现代社会个体工作者的必备技能。

总结一下，想要提高自己的挣钱效率，**第一，让自己单位时间的价值更高；第二，学会做产品，一份时间卖多次；第三，购买他人的时间，将其加工成自己的产品。**

访谈案例

澄波是我第一份工作的老板，是一家国内知名咨询公司的创始合伙人。虽然他的收入不低，但他过得并不开心，因为一年 365 天有 200 多天在出差，其中还有一半时间舟车劳顿。他想减少工作量都没法协调，每个大客户都希望合伙人亲自过来沟通。由于长期在外出差，他的太太也颇有意见，工作与生活很难兼顾。后来他思考如何通过转型把咨询业务做成产品业务，于是重新创立一家公司，专注于为企业提供在线学习平台的产品，下了血本做研发。转型之后，产品不再依赖他本人，可以让销售团队去卖。花时间开发的一个新客户，第二年有很大概率继续购买。他的时间充裕了很多，他还有空静下心来思考产品创新。现在这家公司已经成为行业头部，澄波也有更多时间陪伴家人。

推荐好书

《财富自由之路》，李笑来，电子工业出版社，2017 年出版。

我一直固执地认为，只有知行合一的作者才能写出真正的好书。试想一个教商业方法的作者如果自己没有实践过，所讲的内容一定也很难让人信服。李笑来就是一位知行合一的作者。

李笑来是新东方名师出身，很早就出版了一系列托福备考书，凭此实现了财富自由。

在这本《财富自由之路》中，李笑来选择了 50 个关于财富自由的核心问题，从理念到方法一应俱全。在读的过程中，你能体会到李笑来对于财富丝丝入扣的分析。本节三种出售时间的模式就源自这本书。

推荐理由：书中的财富思维模型随着时间推移不断被验证。

1.5　挣信息差的钱

怎样知道一件事情是否有商机？

大家都在做的事情我要不要也做？

为什么项目看着不错却总是挣不到钱？

商业的底座是信息差，有信息差的地方才有红利。

几乎所有挣到钱的人都清楚一个道理：

第一波人吃肉，第二波人喝汤，第三波人连盘子都给你端走了。

什么是信息差？

香农说，信息的本质就是消除不确定性。你还在探索和试错，而别人已经拿到了确定的结果，这就是信息差。你是重走一遍别人走过的弯路，还是想方设法拿到信息差，避坑而行？

在获得信息差方面，大部分人面临以下 3 个问题。

1. 不知道已经有人拿到了结果。

2. 不知道去哪里找有结果的人。

3. 不知道找到有结果的人后如何获得信息。

好在商业社会，有需求的地方就有服务。只要你愿意向外探索，愿意投入时间和成本学习，总有人提供信息差。比如咨询公司、商学院、知识付费机构、各类社群圈子都在提供类似的服务。

在你获得了信息差之后，你还需要做一个重要的动作——判断时效。

站在商业运作的视角，信息差有三段时效（见图 1-5）。

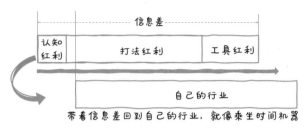

图 1-5　信息差的三段红利

第一段，获得认知红利。这时候的信息差是极为宝贵的，我们可以称之为商业情报。当某个领域出现了变化时，少数人开始尝试，并发现了巨大的潜力，进而不露声色地加紧布局。此时进场，无论水平如何，都能吃到行业指数级爆发的红利。

第二段，获得打法红利。等大家都知道某个领域有红利时，竞争开始白热化。那就是大鱼吃小鱼，快鱼吃慢鱼了。谁掌握了先进的打法，谁就领跑，其他人跟着模仿。这时候的信息差决定了每场商业战役的输赢，大家每天都在学习和吸收最新的打法，老实说过得很辛苦，但没有办法，因为只要稍微松懈一点，就可能错过即将关闭的机会窗口。

第三段，获得工具红利。在全行业都赶着下场时，早期玩家通过先发优势领跑行业，巨头们忙着搭建生态。伴随大量新人的涌入，整个行业的红利已经消耗殆尽，但是对第三方服务和技术的需求量井喷。做培训的、提供工具服务的、做平台对接需求的人不断涌现，大家开始挣提供工具的钱。随着工具使用者的数据积累，工具会成为新的行业入口。至此，普通人的机会窗口已然消失。

对于个人来说，如何判断并利用信息差的时效呢？

现实地说，第一段信息差风险大、要求高，第三段信息差比较适合巨头。

只有第二段信息差，对普通人来说是一个比较容易抓住的机会。这是为什么呢？因为在这一阶段，趋势已经明朗，只要关注商业信息就能基本把握住机会。同时，普通人通过学习和模仿先锋，靠个人的力量还是有机会成长起来的。这时候考验的是行动力和学习能力。

不过厉害的商业顾问都知道，同一道题，总有更精妙的解题思路。

不同行业的发展速度不同，信息流动有快有慢。如果把其他行业的先进生产力和信息差迁移到自己所在的行业，你只需要做到中等偏上的水平就有巨大的行业红利。这就是"时间机器"的力量。所谓"时间机器"，是指用一个行业已经发生的趋势来预判另一个行业的走向。

例如，2020 年整个金融行业都认为直播和自己八竿子打不着关系，两年后在金融类 App 中直播讲解理财产品成为新标配。如果在 2020 年你是金融行业的专家，还学会了直播的方法，你都不需要通过直播引流获客，只要能解决用户转化的问题，就能成为各大金融机构最稀缺的人才。这是我周围朋友分享的真实故事。

在信息流速快的行业学习，再回到信息流速慢的行业深耕应用。这样，你就像坐上了一台时间机器，能够精准踩中每个节点，自信又从容。

如果你已经在行业中积累多年，你一定要积极主动地向市场化程度更高、竞争更激烈的行业学习，再带着信息差回到自己的本行。因为你是最懂你所在行业的人，外面那些在某项技能上更强的"狮子""老虎"，没法在短时间内完成行业积累，因此也无法很快进入你的行业。有充裕的时间让你开发丰厚的市场。

访谈案例

吴波是"书里有品"的创始人，也是我的合伙人。在创立"书里有品"之前，吴波曾在淘宝系统内做运营，后来去了图书教育技术公司做运营。他说，电商行业的运营人员都很勤奋，因为今天有效的打法就要发挥最大效果，不然明天可能就过时了。对比竞争激烈的电商和教培行业，图书行业要传统很多。2020 年春天，疫情暴发，很多线下教培机构和书店停业。吴波想到用电商和教培行业中已经相对成熟的社群方式来卖书。就是这样一个小小的跨界创新，让"书里有品"在上线第一个月，没有花一分钱推广的情况下，涌入 10 万会员，大部分都是教培机构的老师和待业在家的宝妈。单看社群运营能力，吴波不一定赢得过教培行业和知识付费圈的一众高手；但来到他熟悉的图书行业，可以说是如鱼得水、所向披靡。

---- 推荐好书 ----

《新零售进化论》，陈欢，中信出版集团，2018 年出版。

其他人推荐自己的书，可能有点不好意思，不过我没有太多这方面的顾虑，因为这本书确实帮不少读者提前布局直播、社群和内容产业，收获了时代的红利。我比较自豪的一点是，这本书中很多的行业预测都成真了。在 2017 年创作这本书时，直播才刚刚兴起，社群还没有私域的概念，我就在书中专门花大量的篇幅讲解为什么直播是未来，为什么内容很重要。如果当时读者顺势加入相关行业，现在应该已经是行业的前辈。我在写完这本书后，也投身于内容行业。其实我没有什么未卜先知的能力，书中的判断完全是根据信息差的规律，推演未来的发展而得到的。也许书中的很多案例现在看来都不再新鲜，但理解商业趋势的方法论还是值得复盘的。

推荐理由：知道答案后，再回头学习和理解行业分析方法的好素材。

1.6　稀缺

怎样提高收入水平?

怎样实现阶层跃升?

如何让挣钱更简单?

商业的原点是稀缺。

当你的能力朝着市场需求的方向持续生长时,你终将走向稀缺。

社会把最重要的位置留给最稀缺的人才,最稀缺的人才决定谁吃肉、谁喝汤。

怎样才能提升自己的稀缺性?

牢记三点:效果、圈层、确定性(见图1-6)。

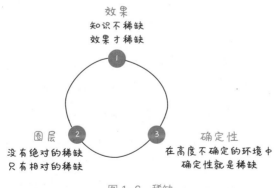

图1-6　稀缺

第一,效果。知识不稀缺,效果才稀缺。

第二,圈层。没有绝对的稀缺,只有相对的稀缺。

第三,确定性。在高度不确定的环境中,确定性就是稀缺。

很多人想知道如何才能提高收入水平？

答案只有一个——稀缺。

松鼠过河，步步惊心；大象过河，漫不经心。

在绝对的力量面前，技巧不值一提。

优质的食材只需要简单的烹饪。

在稀缺面前，复杂的商业变得简单起来。

只要你足够稀缺，自然有懂商业运作的人主动帮你解决复杂的问题。

比如，你很有号召力，很会运营宝妈社群，有几万名妈妈跟着你"买买买"，自然会有很多品牌方找过来，希望与你合作。商业模式全部设计好了，只等你点头确认。

个人努力的方向，本质上是让自己沿着更稀缺的方向发展。

为什么稀缺决定了商业价值？

首先，稀缺是生态位，最好的位置一定留给最稀缺的人才，这毋庸置疑。

其次，稀缺是话语权，最稀缺的人才往往是决定财富分配的人。在销售型公司，手握大客户的人分得更多的佣金；而在研发型公司，掌握核心专利的人享受最多的分红。

凡是让你越来越稀缺的工作，不急不躁，慢慢磨砺。凡是让你越来越标准化的工作，及时清醒，早点抽身。

怎样才能提升自己的稀缺性呢？

我给大家提供以下三个具体的优化方向。

第一，优化效果。理解知识不稀缺，效果才稀缺。用尽一切办法对效果负责。很多人无法将技能变现的核心原因是只提供过程，不锚定效果。

比如，同样是读书，写一篇读书心得发出来，大家最多给你点几个赞；而学会书中的方法，应用方法帮客户解决现实问题，客户可能愿意支付好几万元。

我常常感觉知识付费就是个伪命题。知识是不需要付费的，效果才需要付费。**千万不要直接出售知识，要始终瞄准效果。**你不是在写一本书，而是通过文字让别人少走弯路。你不是在讲一堂课，而是用课程的形式提高学员的能力水平。以终为始，方得始终。

对普通人来说，比较合理的路线是先消化、吸收知识，再付诸实践，等拿到阶段性的成果后，回首来时路，给大家带路，出售指向效果的解决方案。这就是简单有效的知识变现路径。

第二，突破圈层。理解没有绝对的稀缺，只有相对的稀缺。找到让自己能力相对稀缺的受众圈层。提升稀缺性是一个没有终点的旅程，不要幻想在过程中关起门来十年磨一剑，要向市场要答案。在能力攀升的路上，找到让自己稀缺的圈层。

下面提供突破圈层的两种具体方法。

一是定位自己的专业能力，寻找稀缺圈层。例如，在律师圈里你不稀缺，来到直播圈里，你是圈里人唯一认识的法律专业人士，他们想知道怎么签协议、付多少违约金，这些都要求助于你。

二是理解自己的圈层需求，寻找稀缺能力。还是以律师为例，你发现律师同行都有打造个人品牌的想法，而只有你率先勇敢地走出去学习和尝试，最终在抖音视频号积攒了几万名精准粉丝。这时，你再回到律师圈，教大家如何做好新媒体，会比专业的新媒体老师更受欢迎。

以上两种方法还可以综合使用，形成第三种方法：向外强化专业，向内彰显先进。

第三，保障确定性。在高度不确定的环境中，确定性就是稀缺，设计确定性更高的机制。作为商业顾问，客户问我凭什么报价比别人贵，我说所有人里只有我有类似量级的大项目的成功经验，我的确定性比别人高，所以 5000 万元的项目，你愿意多花 50 万元，提高 10% 的成功概率吗？客户一般都表示愿意。

确定性来自哪里？

来自品牌，知名就代表确定性。

来自背书，口碑就代表确定性。

来自经验，成功的履历给你平添几许确定性。

来自主流，多数人的选择意味着确定性。

来自保障，按效果付费，无效退款，保障机制附加确定性。

　　吴天是一名私域运营专家。回顾多年的职场生涯，吴天感到十分庆幸，在关键时间点总能因为稀缺的能力和经历拿到让人羡慕的机会。刚刚进入职场时，吴天是一名普通的新媒体运营人员。让他脱颖而出的不是文案能力而是流程拆解能力。他平时喜欢琢磨流程，想要弄清楚用户如何通过一篇文章成为企业的忠实客户。很快他凭借系统思考和运营能力成为公司新媒体部门的负责人。当时赶上新媒体最火的时候，很多公司都不知道如何搭建公众号引流获客。吴天正好拥有企业级新媒体搭建的实战经验，找他咨询的企业越来越多，于是他和朋友一起创业，给企业提供培训和咨询服务，几年间服务了几千家企业。从新媒体到更新的私域领域，他不断迭代升级，最终成为腾讯企业微信官方深度合作和推荐的私域专家。在和吴天的交流中，他说从实战操盘手到服务更多企业，再到被官方认证推荐，每一步的机遇都源于上一步的积累。当你拥有稀缺的能力时，你会得到更多发光发热的机会，可谓"一步领先，步步领先"。

推荐好书

　　《向上生长》，九边，贵州人民出版社，2020 年出版。

　　这是一本很实在的书。作者九边是百万粉丝公众号博主，在图文势颓的大环境下，他的公众号文章照样能篇篇阅读量过 10 万。更厉害的是他还有一份互联网大厂的正职。他是地道的程序员出身，写作只是副业，一人一笔打天下，让人心生敬意。书中抽丝剥茧地分析了普通人如何抓住每一次来之不易的机会。书中很多描述，让有类似经历的人心有戚戚。

　　"一个京沪的白领，天天早上出门，晚上很晚回家，天天都在忙，但是他过了一些年才发现，他以前所得到的升职加薪，本质都是教育和年龄的红利，等到黄金年龄一过，如果没有升到一个不可或缺的位置上，绝大部分人迅速进入下行通道，似乎越努力掉得越深。"

　　整本书，无稀缺二字，却处处都在谈稀缺对成长的意义。

　　推荐理由：精准阐释了工作和成长中的困惑并提供了深刻的见解。

1.7　杠杆

怎样提高挣钱的效率？

怎样挖掘自己的商业潜力？

如何在现有条件下提高收入？

阿基米德说，给我一个支点，我可以撬起整个地球。

以稀缺为支点，设计足够长的杠杆，你可以撬动整个商业社会。

成就稀缺不是一朝一夕的事情，在有限的资源和能力下，改变杠杆却能立竿见影地提升变现能力。

回顾商业史，互联网时代的亿万富翁积累 10 亿元财富所用的时间比 20 世纪大大缩短。19 世纪的美国石油大亨洛克菲勒从零挣到 10 亿美元用了 46 年，比尔·盖茨用了 12 年，eBay 创始人只用了 3 年[①]。以此类推，科技精英的挣钱速度大大加快。除去通胀原因，人类创造财富的时间在缩短，杠杆倍率在提高。

什么是杠杆倍率？可以简单理解为，专业能力变现的收益与投入时间、精力、成本的比值。报考大学时，家长希望替孩子找到一个好专业，其实就是杠杆倍率更高的专业。

客观看待杠杆，我们要意识到，花同样的时间学习和成长，杠杆倍率高的人确实比杠杆倍率低的人挣得多。

找到合适的杠杆，在同等条件下，能放大我们的商业回报。

有一个经典的故事。某个大型设备出了问题，工厂请专家来诊断。专家在设备外壳上画了一条线，吩咐工人打开检查，果然修好了。专家开出收费单据，要

---

① 斯诺.出奇制胜：在快速变化的世界如何加速成功［M］.赵磊，译.北京：中信出版集团，2015.

价 10 万元。工厂觉得很离谱，要求专家列清楚收费明细。专家写道："画线 1 元，知道在哪里画线 99 999 元。"

这个故事我很熟悉。每当客户和我抱怨几十页 PPT 就要收几十万元时，我就会讲这个"专家画线"的故事，客户只好苦笑着付费。

杠杆考虑的不是成本，而是解决问题所带来的价值。同样的方案，上市公司拿去采用能挣一个亿，可能愿意付出 100 万元；而创业公司拿去用只能多挣 10 万元，可能一分钱都不愿意付出。

怎样提高杠杆倍率？

我们需要拆解杠杆倍率的构成（见图 1-7）。简化来看，杠杆倍率只和两个因素相关——基数和溢价。提高杠杆倍率的方法，要么放大基数，要么提高溢价。

$$杠杆倍率 = 基数 \times 溢价$$

图 1-7 杠杆倍率

如果主打基数大，产品就必须标准化。

一种思路是爆品为王，找到一个基数足够大的人群，找准需求，抓住痛点，下狠劲开发产品。真正的爆品自己就会销售自己，所有的渠道都抢着与开发者合作。

另一种思路是流量为王，想方设法持续获取流量。对个人来说，新用户获取流量主要靠自媒体。如果你成了拥有百万粉丝的大 V，哪怕产品没有明显优势，有流量就有销售额。

如果主打溢价高，产品就必须有独特价值。

大家都愿意分享利润，不愿意承担成本。要想拿到高溢价，你的产品或服务就必须成为利润项而不是成本项。

心中一定要永远有杆秤，不断权衡客户为了解决问题愿意付出多大的成本，这才是真正的价格上限。不要在意现有产品或服务的价格，哪怕市面上有更便宜的解决方案，只要你比它好 1%，就有人愿意出 200% 的价格找你服务。找到这些人，并向他们提供服务。

记住，总有人愿意为更好的效果支付更高的溢价。比如，青春无价，效果可能好 1% 的某护肤水的价格高达普通护肤品的十几倍。

又比如，几万元的小生意，你顺手从网上下载合同模板；几千万元的大项目，你一定舍得花几万元请一位专业律师。

最后，我们来具体分析是什么阻碍了你选择倍率更高的杠杆以及如何消除阻碍。

一是不知道有倍率更高的杠杆。建议多读书、多学习，刷新认知，多接触社会。

二是接触不到倍率更高的杠杆。这没办法，建议回到原点，努力提高自己的稀缺性。你若盛开，清风自来。

三是无法驾驭倍率更高的杠杆。建议理解商业规律，把握核心关键点，整合别人或主动被人整合。

访谈案例

　　蒋竞雄老师是我深度访谈过的作者。她是一位儿科医生，在北京一所医院工作了 30 多年。很多儿科医生都面临工作繁忙、风险大、待遇不高等问题，新闻媒体也屡次报道各大医院出现"儿科医生荒"的现象。蒋老师长期在儿童保健一线工作，这些问题都经历过。最近几年她发现了新的机遇，这得益于她找到了一个好课题——身高管理。每个家长都担心孩子长不高，如果能用科学手段让孩子长得高一点，很多家长都愿意为之投入。蒋老师做了两个动作：一是出版了《长高不再是梦想》等一系列专业科普书，让更多人知晓身高可以管理；二是在全国范围内开展不下 2000 场线下、线上科学长高的科普讲座，通过传播知识扩大影响力。蒋老师将后续的商业化运作交给了专业团队，自己还是从事研究、临床和科普工作。稀缺的专业能力，加上身高管理咨询这个蕴含巨大商业潜力的杠杆，让蒋老师为社会创造价值的同时给自己的专业能力找到了商业价值。

推荐好书

《商业至简：60 天在早餐桌旁读完商学院》，唐纳德·米勒，中国人民大学出

版社，2022 年出版。

这是一本让我一口气读完的好书，特别适合普通人入门商业。全书把复杂的概念切成 1 分钟左右就能读完的小片段，围绕价值驱动型专业人才的十种特质，讲解了管理、沟通、销售、战略等板块。书中也提到了"如何把自己打包成产品卖掉"，并给出了不少具体的方法，值得借鉴。

推荐理由：简单、易懂、实用。

1.8 对标复刻

新手做生意应该如何开始?

如何快速掌握商业的诀窍?

在陌生领域如何规避风险?

理解进化论,你能更好地理解商业。

对标复刻,类比遗传,复制优秀的基因。

跨界创新,类比变异,通过差异化竞争找到生存空间。

遗传和变异,推动生物优胜劣汰,不断进化。

对标复刻和跨界创新,帮助个人飞速成长,后来居上。

为什么要对标复刻先进案例?

因为太阳底下没有新鲜事,千万不要重新造轮子。

用 20% 的时间从 0 分做到 80 分,这叫新手红利。

再用 80% 的时间从 80 分做到 100 分,这叫长期主义。

私募巨头黑石集团的创始人苏世民说过:"要善于研究你生活中取得巨大成功的人和组织,他们能够提供关于如何在现实世界获得成功的免费教程。"[1]

不断变化的环境才不管你是模仿还是原创,适者生存,不适者出局。抓住一个趋势并不需要你第一个看见,只需要你第一批跟进。

为什么顶尖高手的学习效率远高于普通人?

---

[1] 苏世民.苏世民:我的经验与教训 [M].赵灿,译.北京:中信出版集团,2020.

因为他们都是"抄作业"的高手。真实世界本来就是开卷考试，等你把别人踩过的坑重新踩一遍后，红利早已经消失殆尽。

所谓对标（benchmark），即找到一个优秀的标杆模仿与学习。

长期主义者告诉你，成功没有捷径，但还应该加上后半句，新手除外。

2016 年，张一鸣下重注布局短视频。头条视频，对标 YouTube；抖音，对标 Musical.ly；火山，对标快手。

对标几乎是高手们的本能反应、肌肉记忆。

而我们对标的高人，其实也在对标他们心中的大神。

冯唐对标曾国藩，《冯唐成事心法》每章必引用曾国藩语录。

查理·芒格对标美国开国元勋本杰明·富兰克林，《穷查理宝典》一书连名字都在向本杰明·富兰克林的《穷理查年鉴》致敬。

任正非说过："以世界上最好的公司为标杆，先僵化，后优化，再固化。"

我做商业顾问多年，每次做项目都会问客户一个同样的问题："你们行业做得最好的是谁，他是怎样做到的？"遇到新问题，我的第一反应也是先看看别人有哪些解题思路，效果如何。

对标有三好。

一是能验证你的需求是否存在。

如果让你兴奋不已的想法在市面上完全找不到对标，要么你发现了蓝海，要么这个需求并不真实存在。

二是帮你找到最短的路径。

红利期最宝贵的是时间成本。顺着对标探索出的路径前行，节约试错时间。

三是帮你规避潜在风险。

总有一些你暂时看不到的隐患伴随着对标，有些路径弯弯绕绕且毫无理由，其实很可能是血的教训换来的经验。

怎样找到合适的对标？

从个人商业的角度，具体可以按照以下三步操作。

第一步，入行不久，对标自己的导师。因为足够熟悉，你可以贴身观察导师，不懂就问。

刚入行的时候，我很幸运遇到了澄波，得以近距离观察咨询公司的合伙人如何做项目，谈客户。一年后我就成长为项目经理，进步比同期入职的同事快很多，最关键的是培养了老板视角和全局思维。

第二步，小有积累，对标行业优秀前辈中与自己起点类似、能力相仿、拿到结果的人。

在跨界到自媒体学做视频号时，我对标的是"润宇创业笔记"的主理人王润宇。我们都有创业经验和讲师背景。在起步阶段一字一句地拆解他的短视频和直播脚本，省去了我大量的摸索时间。

第三步，找到方向，不管山高路远，对标人生目标的终局。

我选择的方向是研究驱动的商业顾问，需要兼顾商业和内容，高瓴资本的张磊、华与华的华杉，还有冯唐、刘润都是我的终极对标。他们各自做到了行业顶尖，学习他们的专业能力和自我经营理念对我有不少启发。

如何拆解对标？

根据四个字——远近高低（见图 1-8）。

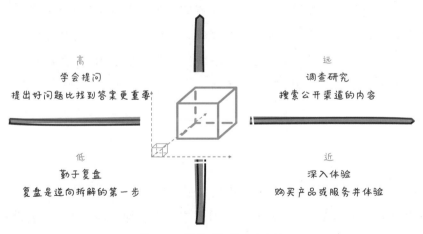

图 1-8　拆解对标的 4 个方法

远，调查研究。搜索公开渠道的图书文章、演讲分享、媒体报道等内容。我经常能在对标人物的公众号早期内容里挖掘到有价值的信息。

近，深入体验。购买产品或服务并体验，加入社群，直接访谈。用户视角的感性体验和观察互动能带来完全不同的启发。

高，学会提问。提出好问题比找到答案更重要。一层一层不断提出问题，直至把握商业现象的本质。

低，勤于复盘。复盘是逆向拆解的第一步，复盘还原流程要素，有时候你苦思冥想的答案就在流程细节里。

我的案例

在经营"书里有品"图书平台时，我需要开发一门教普通人如何推广图书的课程。

我在市面上调研了一圈，发现秋叶大叔出品的"图书变现营"反响特别好，于是立马报名参加。系统学习完后，我获得了结论：首先通过图书变现这个需求是真实的，且有人愿意付费；其次付费的学员和"书里有品"希望团结的阅读推广人高度一致；最后相关的内容我也有能力研发出来，还可以做出差异化优势。

我立马重新开发课程，所有的流程都在秋叶大叔运营方案的基础上做修改和定制，可以将其理解为用一个被验证过的"瓶"装我想要装的"酒"。内容研发结束后，一周不到的时间，培训营上线。周周开课，每期 150~200 人，反响很好。如果不对标，这样的培训营的开发打磨至少也需要 3 个月。

推荐好书

《巨人的工具》，蒂姆·费里斯，中信出版集团，2018 年出版。

作者蒂姆·费里斯，美国著名访谈节目主持人。他访谈过 200 多名世界级成功人士，节目的下载量突破了 1 亿，主题包括健康、财富和智慧。蒂姆提问的方式很巧妙，比如"你用不到 100 美元能买到的最好的东西是什么""听到成功这个词你会想到谁"，引导嘉宾以直接的形式讲出答案。阅读这本书，能看到不同背景的高人的思维方式。

其实作者本人也很值得学习，他写过现象级畅销书《每周工作 4 小时》，做主持人的同时运营自媒体、写书、运营公司。他坦言从成功人士身上收获了很多。

这本书对我最大的启发是访谈。读完之后，我开启了自己的访谈节目"个体学派"，每周邀请一位超级个体分享他一路走来的经历。我很快体会到蒂姆的快乐，醍醐灌顶和值得借鉴的内容实在是太多了。

推荐理由：用案例学习的方式体会各行各业巨人们的解题思路。

扫码添加企业微信，回复关键词"案例"，获得超级个体案例的详细拆解。

1.9　跨界创新

怎样超过行业里的前辈大咖？

怎样找到差异化定位？

业务遇到瓶颈如何寻找突破？

机会永远在边缘，在板块交界处（见图 1-9）。

跨界不是简单相加，而是打散再重新组合。

复杂世界需要多元思维模型。

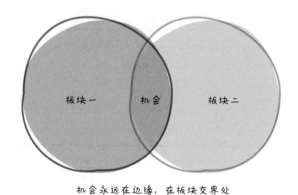

机会永远在边缘，在板块交界处

图 1-9　跨界创新模型

　　齐白石说得好，"学我者生，似我者死"。学我者生就是对标复刻，帮助新手少走弯路，快速达到行业平均水平。而一旦过了新手红利期，成长会举步维艰，继续对标复刻，只有死路一条。

　　任正非提出"先僵化，后优化，再固化"的方法论，即先全盘接受，再根据情况调整，最后找到适合自己的方案形成流程惯例。如此往复循环。

为什么不能一直对标复刻？

一是时间窗口无法复现。抛开外部环境变化谈商业，无异于刻舟求剑。越是有红利的市场，方法过期得越快。

二是赢家通吃的头部效应。拿到先发优势的头部玩家，牢牢占据强势生态位，不断滚雪球，形成头部效应，把上升通道堵得水泄不通。

三是做到行业顶级真的很难。任何一个行业每往上攀升一级，难度都呈几何倍数增长。一将功成万骨枯，能成为前 1% 的顶级专家固然好，但剩下 99% 的人也需要找到自己的商业生态位。

对于 99% 的有一技之长的普通人，如何设计个人商业发展的路径？如何取得非凡的成就？

如果你想取得非凡的成就，只有两条路可走：①在某一具体领域成为最优秀的人（前 1%）；②在两个或更多的领域成为非常优秀的人（前 25% 即可）。

斯科特·亚当斯是风靡全球的"呆伯特"系列职场漫画的作者，其作品被翻译成 20 余种语言在将近 70 个国家或地区的 2000 多种报纸上刊登。

他这样分析自己的成功路径："漫画行业已经非常成熟，按照传统路径想成为真正顶尖的艺术家几乎不可能，我甚至不建议任何人尝试。但是只要通过努力，你就至少可以在几个领域中成为排名前 25% 的优秀人才。单纯论漫画技法，我只是比大多数人好；同尚未走红的普通喜剧演员相比，我的幽默高明不到哪儿去。正是这两点的结合才使得我能够成为少数成功的人。如果再加上我的商业背景，那么很少有漫画家能够理解我涉及的某个主题。"[1]

我也分析过商业顾问行业。

优秀的顾问不少，但会写书的少，华与华的华杉老师说"这个我擅长"。

会写书还会做爆款课程的优秀顾问就更少了，《五分钟商学院》的主理人刘润老师说"这个我擅长"。

会写书、会做爆款课程，还会拍抖音短视频的优秀顾问就相当稀少了，红制作的金枪大叔说"这个我擅长"。

你发现没有？大家都不是在一条赛道上"卷"，而是在多个赛道跨界"卷"。

---

① 费里斯.巨人的工具［M］.杨清波，译.北京：中信出版集团，2018.

具体如何找到自己的商业机会呢？

俞敏洪说过，中国这么庞大的市场，任何一个人在一个极狭小的领域，只要做到中国的前 30%，就可以衣食无忧。

专业＋行业＋新技能＝衣食无忧的商业机会

首先，一定要热爱专业。专业就是 T 型人才，一纵一横的一纵，深深地扎在专业里。跨界不是猴子掰玉米，一个行业做不好去做另一个。做到行业前 25% 后，一边策略性地深耕专业，一边跨界探索商业化变现。

比如，我是商业顾问，问题分析与解决就是我的专业；你是产品经理，需求挖掘与体验设计就是你的专业。无论跨界到哪里，专业都是底色。

其次，利用好行业时间差。不同行业进化速度相差甚远。在你的行业里很难、很复杂的事情，在别人的行业里可能稀松平常。

比如，我做新零售咨询时，先向美妆个护领域的高手请教打法。一年后这套打法在食品饮料行业居然还能所向披靡。等到这些方法在食品饮料行业成为标配时，鞋服运动行业还在满世界地找懂新零售的人才。

我们经常说隔行如隔山，其实真正相隔的只是底层入口。越往上走，能力越具有迁移性。看到行业时间差，你就好像坐上了前文提到的"时间机器"，穿越过去，预知未来。

最后，尽快升级新技能。总有一些技能是时代的召唤，你不要犹豫，唯一的选择就是看见、相信、赶紧学会，比如内容生产能力——拍短视频、直播等。

20 年前，写一手好字、会当众演讲，你能脱颖而出。

10 年前，会做 PPT、会做干货分享，迎合了当时最新的需求。

到现在，会拍短视频、会直播，刷新了技能树。

类似的影响力技能、决策技能不断以新的形态出现，从边缘走向舞台最中心。

———— 访谈案例 ————

戴老师曾是一名中学语文老师，因为丈夫工作变动去了新的城市生活，后来孩子出生，她在家里做了 3 年的全职妈妈。带娃之余，她一直想给自己找一个新的工作方向。在认真考虑之后，她选择了一直感兴趣的心理咨询方向。她跟着专业的老师，系统学习了相关课程，并获得了大大小小的认证。等到准备接案子时，她突然感到前所未有的困难：首先，不知道客户从哪里来；其次，比她更专业、经验更丰富的心理咨询师很多，连她自己都说不出自己的优势在哪里。正在一筹莫展之际，一个以前的学生的家长让她找到了新的方向。这位家长亲戚家的孩子即将中考，心理压力很大，产生了严重的厌学情绪。戴老师和孩子连线，沟通了几次后，孩子的心态调整过来了，中考也取得了不错的成绩。这个案例帮助戴老师打开了思路。她说，自己当了多年的班主任，十分熟悉青春期孩子的情况，再结合自己所受的心理学专业训练，特别适合做考前心理辅导的工作。传统的心理咨询顾问没有关注到这个领域，而老师和家长又缺乏专业的心理辅导能力，找到心理学和教育学的跨界领域里的细分场景后，戴老师一下子打开了局面。现在她一个月做咨询的收入已经超过 10 万元。

———— 推荐好书 ————

《创新的 10 个面孔：打造企业创新力的十种人》，汤姆·凯利，专利文献出版社，2007 年出版。

这本书的作者是大名鼎鼎的设计公司 IDEO 的创始人汤姆·凯利。IDEO 是全球顶尖的设计咨询公司，以产品及创新见长。在书中汤姆·凯利列举了 10 种创新的角色，对应 10 种创新思维。其中第三种叫"嫁接能手"，说的就是跨界创新的方法。书中通过大量案例，介绍了如何从其他产业和文化中汲取灵感，并将其应用到自己的事业中。这本书写得十分生动有趣，哪怕已经是十几年前的案例，思想依然不过时，说明创新方法本身具有以不变应万变的生命力。

推荐理由：全球顶级产品创新公司的创始人教你做好跨界创新。

1.10　打包产品

朋友找我帮忙但不愿意付钱，怎么办？

怎么把专业能力开发成产品？

怎样设计出属于自己的产品？

拥有能力，在别人需要帮忙的时候你能被想起。

而拥有产品，在别人需要购买的时候你能被想起。

所以一定要把自己产品化，把所有的能力、资源和智慧封装成产品。

有人说，难道不能偶尔做一做好事，顺手帮一些小忙吗？

是的，不能。如果想要做好事，请送出产品，并告知价值。

"你好，可以帮我设计一个 LOGO 吗？可以帮我写篇文章吗？可以帮我解答一下法律问题吗？"

"可以，都可以。这本来就是我的业务。来，先来聊聊你的需求吧。"

多么自然地过渡到售前阶段！

产品是一切商业活动的媒介。连在业界以营销著称的小罐茶创始人杜国楹都表示："产品是一，营销是零，如果产品不能为用户创造价值，再高明的推销术也不能持久地劝说人们购买产品。"

怎样才能把能力封装成产品呢（见图 1-10）？

让用户清晰地知道 付出什么，得到什么

先解决问题， 再设计交付形态

挠到自己的痒处

图 1-10　能力封装成产品的要点

一是让用户清晰地知道付出什么，得到什么。

封装产品，就意味着从此你的专业交付有了标准、有了承诺。必须让用户清楚地知道花多少钱能达到怎样的效果。用户心中有杆秤。用产品兑现持续稳定的交付承诺，是个人踏入商业经营的第一步。

有的时候，用户不愿意付费是因为你没有主动界定投入和产出的边界。比如，你是设计师，朋友请你帮忙设计 LOGO。你很为难地告诉朋友，自己给企业设计LOGO 报价是 1 万元。朋友说："我的要求没那么高，你随便设计一下就好，就别收我钱了，下次我给你介绍生意。"这时你应该怎么办？朋友说的"随便设计一下"，可能意味着好几天的反复修改。你和朋友在设计 LOGO 这项产品与服务上并没有清晰的概念，不清楚付出什么，得到什么。

二是先解决问题，再设计交付形态。

经常有人问，产品怎样设计？服务承诺在哪里打住？卖实体产品还是虚拟内容？想做一个平台可行吗？其实，这些问题都没有想象中那么重要。

用户需要的不是钻头，而是墙上的洞；用户需要的其实也不是洞，而是固定一幅画。无论产品长成什么样，用户真正愿意付费购买的永远都是解决问题的价值。产品只是用来进行价值交换的媒介。所以不要纠结怎样设计产品，要设身处地帮一个典型用户解决他的核心问题。

遇到新业务，我自己的经验是**先做咨询，再做产品**。做咨询就是调动所有能力和智慧帮用户找到解决方案。等问题解决了，再回过头复盘来时路：找到知易行难的事情，将其设计成定制化服务；找到知难行易的事情，将其设计成标准化产品。

标准化产品，交付边际成本低。比如图书、在线课程、小程序等，可以提供地图和工具，让用户花小钱办大事。

定制化服务，交付边际成本高。比如咨询、代运营服务等，一般由用户提需求，你来针对性地解决问题。

完成咨询后如何设计产品形态呢？把握一点，**用自己的时间投入，降低用户拿到结果的不确定性**。消耗时间的意义在于让用户有更大概率拿到想要的结果。确定性越高，客户的付费意愿越强。因此定制化服务比标准化服务更贵，确定性也更高。

三是挠到自己的痒处。

把握用户需求是一种需要训练的能力，但如果你恰好就是用户，问题就简单很多。你能切身体会用户的痛点和痒点。理解用户哪里"痒"很难，挠到自己的痒处却很简单。以自己为参照，设计满足自己需求的产品，用户一般也会喜欢。

我是一个特别喜欢下场实际做事的商业顾问。在做的过程中会遇到很多困难，等我找到解决方案后，我会把这些解决方案再打包成产品出售给我的客户。客户反馈确认，我对他们的需求每次都抓得很准。这是因为我经历过下场做事的过程，所以知道客户可能会卡在哪里，这就是痒处。

───┤ 访谈案例 ├───

　　可欣（化名）是一名专业主持人，她擅长声音表达，能教会用户用正确的方法发声。小川（化名）是一名摄影师，他擅长构图运镜，能教会用户拍出精彩的画面。有趣的是，她们的课程产品都是个人 IP 打造的，而且销量都很好。其实最开始她们的产品就是单纯地教发声技巧和构图运镜。卖了一段时间后，她们感知到海量用户的真正需求是打造个人品牌。语言表达和拍摄技巧是过程而不是结果。最终她们不约而同地调整了方向，瞄准个人 IP 打造，其实现的方式可以是直播，需要用到声音表达技巧；也可以是短视频，需要用到短视频拍摄技巧。两位老师把自己的专业能力封装成产品，用户购买的是解决个人 IP 打造问题的不同解决方案。

───| 推荐好书 |───

《俞军产品方法论》，俞军 等，中信出版集团，2020 年出版。

俞军，互联网产品界的几位大神之一，曾主持设计了百度贴吧、百度知道等知名产品。后来他又去了滴滴，成了滴滴出行的产品负责人。他的"俞军产品经理十二条"在业界广为流传。这本书属于他多年工作经验的自我总结。书中讲了三个知识点：什么是产品经理、产品经理的知识模型、产品经理的成长路径。先说明，这并不是一本零基础入门书，产品从业者都需要反复研读它。囫囵吞枣地读完后，遇到真实的产品问题时再像查字典一样寻找相关内容，你会发现答案一直都在那里，比如用户模型和交易模型。当我再次阅读时，原来晦涩深奥的定义变得鞭辟入里。这就是行业经典的价值。

推荐理由：系统培养产品能力的经典教材。

1.11　离钱近

一分耕耘就有一分收获吗？

什么样的生意是好的生意？

怎样提高做生意的成功概率？

与钱的距离决定商业的难易。

变现路上的每一步都有可能被卡住，少走一步是一步。

什么叫离钱近？

离钱近不是坐在点钞机旁边，也不是投身于暴利行业，而是主动降低不确定性（见图 1-11）。

离钱近，就是主动降低不确定性

变现路上的每一步都有可能被卡住，少走一步是一步

图 1-11　离钱近就是主动降低不确定性

商业就像一团迷雾。

商业大师们从军事上借鉴了一个概念来形容商业，它叫作乌卡（VUCA）。乌卡不是英文单词，而是 4 个英文单词的首字母拼起来的读音。具体怎么理解呢？

V（Volatility）指的是易变性。今天还有红利，明天红利就没了。

U（Uncertainty）说的是不确定性。剑走偏锋地写文案可能有奇效，也可能适得其反。

C（Complexity）代表复杂性。产品卖爆了到底和哪些因素有关，谁也说不清。

最后的 A（Ambiguity）代表模糊性。这件事可以你做，也可以我做，对于权责利边界每个人都有自己的一套说法。

商业迷雾中，价值链上的每个人都在谨慎出价，生怕买回来的半成品砸在自己手里。

举例来说，你是一名心理咨询师，希望从事婚姻情感类心理咨询工作。你花了几万元报班、考证，最后发现客户对各种专业证书并不了解，更看重咨询师的品牌影响力和成功案例。你可能会后悔花钱、花时间考了大量没太大作用的证书。

如何主动降低不确定性？

首先，减少关键控制点。关键控制点越多，不确定性越高，离钱越远。

举例来说，低买高卖的商业模式，只有两个关键控制点。低买，把控供应链优势；高卖，提高产品的品牌溢价。抓住其中任何一个都有很大的概率成功。

反观搭建平台的商业模式，关键控制点太多了。先要开发一个平台产品，然后投放大量的广告吸引用户，再拿用户资源去吸引另一群商家或广告主。

可以很负责地说，平台业务不适合个人商业。你想想，瓜子二手车、链家这些平台，哪一个不是极其厉害的连续成功创业者，指挥成百上千人的团队，在风投的巨量资金加持下才做成的，可谓九死一生。

从概率学的角度看，对于每个关键控制点，假设成功的概率是 1/2，那么当业务复杂程度上升到有 5 个关键控制点时，成功的概率就从 1/2 极速下降到 1/32。在实际商业运营中，单一提升某一个关键控制点的成功概率，并不能决定终局，因为其他任何环节出现问题，一切努力就都白费了。

作为商业顾问，每当我听客户描述商业模式时不断在说"如果"，我内心就已经拉响警报。这个项目估计不太好做，因为关键控制点太多了，假设太多了。

商业经不起太多的"如果"。

牺牲一部分可能性来换取确定性，是明智的选择。

其次，尽可能把唯一的不确定性牢牢抓在自己手里。

比如，只要我能卖出产品就有人供货，只要我能开发出产品就有人下单。

把不确定性聚焦到一个点，并牢牢抓在自己手上，努力提高这一个关键控制点的成功概率，把不确定变成确定。

如果最关键的环节需要寄希望于其他人，万一出现突发情况，你就会变得十分被动。

具体如何操作呢？

比如，你是一位理财顾问。你希望通过短视频发掘新客户线索，并提供专业的理财服务。应该如何做呢？首先，判断整个商业模式中最核心的环节是什么。显然与目标客户沟通并提供专业的解决方案最关键。这个环节必须亲力亲为。而短视频策划、脚本撰写、账号运营管理也存在不确定性，如果统统自己做，关键控制点就太多了，前期找专门的机构合作或找一个有经验的合伙人，是个不错的选择。

最后，变现周期不要拉得太长，早一点落袋为安。

现金流是商业的命脉。未来永远有无限的可能，前提是你熬得过寒冬。时间也是隐藏的不确定性。现在确定的事情，随着时间的推移，有可能产生新的变化。

选择生意的过程中，注意长短期结合。既要有长期投入的大项目，也要有稳定产出的小项目。建议出让一部分利润以便提前回款，或提前收取订金。毕竟，十鸟在林不如一鸟在手。

──┤ 访谈案例 ├──

我的合伙人叶郁是一名有金融背景的多面手。他最擅长用短视频帮人打造个人IP。在成立工作室选择业务时，他犯了难，因为短视频业务的不确定性太高了。很多人拍短视频是为了直播带货。从前期做选题开始，到写内容脚本、拍摄、运营投放，关键控制点太多，很难保证最后变现的效果。而市面上厉害的短视频服务商很多，作为初创团队没有多大优势。纠结了一段时间后，他运用商业思维重新设计了业务，很快接到了客单价过百万的大项目，而且交付效果客户很满意。

具体做法就一个字——"砍"。选题不确定性高，就砍掉其他行业，只做金融这一个行业。直播带货不确定性高，就砍掉带货板块，寻找只需要精准获客而没有时间做直播的客户群体。不熟悉投放，就砍掉这块业务，找其他厉害的投放服务商合作。最终，他发掘了属于自己的蓝海市场——金融理财、保险信托行业的专家和机构负责人。只需要拍出有专业度并能精准获客的短视频，客户就愿意买单，因为一个精准咨询线索对于客户来说可能就是半个月的业绩。看到效果的客户纷纷转介绍，也不愁没有新客户。

───　推荐好书　───

《认识商业》，威廉·尼克尔斯 等，机械工业出版社，2020 年出版。

这是美国高校采用量最大的商业入门教科书，再版了很多次。想要系统提升商业思维能力，离不开一本经典教材，它能给你系统地讲清楚商业世界的原理、框架和运行规律。这本书不仅足够经典，而且写得深入浅出、贴近实际，围绕具体问题给出解决方案，读着不枯燥。书中有很多概念性的解释，比如商业的概念是"所有以盈利为目的、力求为他人提供商品和服务的活动"。掌握了基础概念，再来看市面上百家争鸣的商业观点类书籍，相当于有了地图和指南针，不会被带偏。另外，书中引用了大量的好书，顺藤摸瓜能找到继续深入学习的素材。我在写作中也参考了这个方法，所以有了"推荐好书"模块。

推荐理由：读起来不费力的商业入门教科书。

1.12 关键成功因素

如何摆脱穷忙？

如何把握解决问题的关键？

如何分配时间、精力和资源？

抓大放小，是老生常谈，也是真理。

追求大问题的模糊正确比追求小问题的完美精准重要得多。

抓大放小的诀窍不在于抓大，而在于放小。

先学会放小，才有时间觉察什么是关键成功因素（见图 1–12）。

追求大问题的模糊正确
比追求小问题的完美精准重要得多

抓大放小的诀窍
不在于抓大，而在于放小

图 1–12 把握关键成功因素的两个原则

人有一个毛病：再不重要的事情放在眼前，也觉得十万火急；再重要的事情远在天边，也觉得明天再做就可以。

一定要逆着思维惯性，抓住重要的，放弃不重要的，即抓大放小。

这话说得容易，抓大放小难在哪里？

第一，没有取舍的意识。你可能以为事情做不完是不够努力。事情多，就加班；事情再多，就熬夜，一定要把事情做完。你内心还很骄傲：既然事情可以做完，为什么要做取舍？当你陷入自我感动的"鸡血"模式时，你注定再也无法形成抓大放小的直觉反应。

我在访谈超级个体时，发现他们的口头禅是"这个不重要"。和普通人相比，他们能力超群、资源丰富、精力充沛，为什么第一反应还是做取舍？因为他们脑子里时时刻刻都有一个概念，叫权重。

所谓权重，就是在解决问题的众多相关因素中，每个因素起到的作用是不一样的。有些特别关键的因素，把它们单拎出来即关键成功因素（Key Success Factors，KSF），要尽量给它们多分配资源。

大部分人对取舍的理解有误，以为有精力全部做完，就不需要取舍了。事实上，取舍意味着哪怕都可以完成，也要压缩对其他事情的投入，聚焦关键成功因素，为其投入更多的时间和精力。

第二，识别不出来。无法判断什么是关键成功因素。这点没法速成，就像老中医开药，哪一味药多一点、少一点，靠经验，也靠学习。我们说一些人的商业直觉好，就体现在这里。多给自己一些锻炼的机会，主动限制条件，在给定的时间、给定的资源下，试试看能不能做出成果。有了限制条件，才有优先级意识，倒逼自己学会取舍。

比如，你想运营一个付费社群，先不要招募团队，试试看自己一个人能否完成 80% 的工作。尝试放弃某些实在没有时间做的运营动作。如果放弃之后发现影响不大，那么说明这个运营动作没那么重要。

不要妄图用动作上的勤奋掩盖思考上的懒惰，不主动识别关键成功因素就是懒惰。

普通人如何练就抓大放小的本领？

答案有点反直觉：**放小才是关键。先学会放小，才能抓大。**

现代生活节奏"厌恶"真空时间，时间的间隙都被信息填满了。人们往往在等电梯的几秒内都忍不住刷短视频。你让我放下手头的事情，必须给我更有价值的事情。如果没有，我为什么要浪费时间？

大部分人都卡在这里。这也是我工作 10 年以后才领悟到的简单道理。

抓大的能力是需要时间磨砺的，而放小的能力只要悟到就学会了。

首先，有些事情看似重要，一旦你真正放下它们，你会发现结果也可以接

受。比如，及时回复微信这件事，看起来很重要。当你慢慢养成习惯，提前和同事、客户沟通好，每隔一两小时集中回复一次微信，也没有什么大不了。而且你会发现效率提升了很多，和你打交道的人也渐渐习惯了，完全可以接受这种协作模式，跟随你的工作节奏。所以及时回复微信这件事情并不如你想象中的重要。

其次，如果你找不到问题的关键，不妨先给自己留一段放空的时间。哪怕什么都不做，也比碌碌无为强。思考需要宁静平和的心态，你时刻处于小事的烦扰中，自然看不到长期且有价值的大事。有时间静下心来思考，请教专家，请教周围的人，可能灵感乍现，一下子就领悟了。

最后，减少杂音，微弱的变化才更加明显。水落而石出，去掉噪声才能听到真言。前期关键成功因素带来的变化并没有想象中的显著，由于多种因素叠加在一起，看不出来哪个是关键。用排除法去掉错误选项，对剩下的加大投入力度，最终发现效果最好的选项就不要犹豫了。这就是破局点，用尽全力击穿它。

具体如何做？舍九取一，其他方向只保证基本功能，能用就行。

"混沌学园"创始人李善友，在他的核心课程"第二曲线"中说："95% 的人生没有过破局点，95% 的企业没有过破局点。"过了破局点，就能实现自增长。找到关键成功因素作为破局点，击穿它，后面的路就顺了。

───　经典案例　───

　　樊登老师说过，自己在创业初期遇到了很多问题。帆书（原樊登读书）App 一上线，团队就收到了很多差评，比如无法收听完整音频，广告质量影响体验等。团队很焦虑，他却出奇地冷静。他和团队一再强调，暂时把其他工作放在一边，集中精力把分享二维码系统做出来，用户的所有骂声都由他来扛。团队用了两周把分享二维码系统做出来了，帆书也有了源源不断的现金流。因为有了收入，可以扩充团队，能更加从容地解决其他问题，没过多久用户体验的问题也陆续解决了。事后复盘，樊登老师在《低风险创业》一书中写道："如果我每收到一个用户的反馈就让人立刻处理，那么整个团队就是在不断地'打补丁'。"从千头万绪的问题中，樊登老师敏锐地发现关键成功因素是分享二维码系统，它直接关系到用户增长和收入增长。通过顶住压力，集中力量解决关键问题，帆书最终收获了巨大的成功。

───　推荐好书　───

《低风险创业》，樊登，人民邮电出版社，2019 年出版。

这本书回答了一个问题：一个热爱读书的知识分子，按照书中的理论运作商业能成功吗？樊登老师读塔勒布的《黑天鹅》《反脆弱》，读大卫·奥格威的《一个广告人的自白》，可以看到他将书中理论落在企业经营上的动作。比如，设计反脆弱商业结构，采用经销商模式，尽量减少固定资产投入，将失败成本控制在最低限度，不断放大收益上限。书中任何一条道理都不是原创的，樊登老师的思考过程才是最值得咀嚼的内容。复述知识不难，灵活应用很难，拿到结果更难。

推荐理由：看樊登老师如何把书中的知识应用到真实商业场景。

1.13　不要卖水

如何给产品和服务定价？

个人应该做高端市场还是低端市场？

先卖课程还是先卖咨询？

水是最难卖的产品，你见过哪家小公司卖水？

个人最容易起步的生意是中高端市场的生意，

把低端市场让给巨头（见图 1-13）。

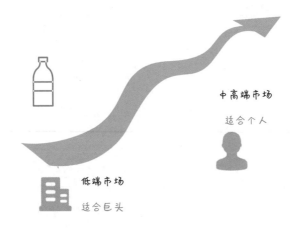

中高端市场

适合个人

低端市场

适合巨头

水是最难卖的产品，你见过哪家小公司卖水

个人最容易起步的生意是中高端市场的生意，把低端市场让给巨头

图 1-13　"不要卖水"原则

很多人误以为自己不够资深，所以应该去服务低端市场。这大错特错。

低端市场需要的是极致性价比的标准化产品。

我周围做知识付费的朋友都有一个共识：得到做过的课程选题，最好不要碰。你想啊，同样是经济学课程，得到可以做到 50 万人购买，单课销售额过亿，请大牌教授花几百万元打磨课程很正常；而你最多只能卖几千份，研发费用几万元，自己亲自讲。请问，同样都是 199 元，消费者为什么要选择你？

类比一下就懂了。瓶装水为什么难卖？ 一是价格锁死，恒大冰泉砸了百亿元也没做成高端水。二是渠道为王，用户体量决定成本。这两点也是低端市场的共性。

发展个人商业，选择市场定位时，尽量不要选择低端市场。我有一个学员，她做读书类知识付费课程，收费也很低。最开始卖了好几百份，她信心大增，马上投入更多的时间、精力做研发。两个月以后，课程销量出现断崖式下跌。原来第一波进来的用户都是朋友圈和社群的老用户。老用户资源消耗殆尽，新用户根本不买账，所以产品销量呈现大起大落。

获客这件事情实在太难了。现在无论通过短视频直播还是渠道合作，获客的成本都很高。对大咖来说，他的产品线丰富，可以交叉销售，即面向老用户不断推荐新产品，而补贴引流更是常规操作。

对普通人来说，客单价低，收入受限，你必须获取大量用户，故而流量焦虑如影随形。最终你在做产品和做流量之间不断徘徊，两头都顾不上。

而中高端市场不一样，由于价格提上去了，你并不需要那么多的客户。以咨询顾问行业为例，每年服务 10 个客户，收入很可能就过百万了。而这 10 个客户就静静地"躺在"你的朋友圈里，你可以通过口碑传播触达他们。

有人可能担心，中高端市场的客户会不会很挑剔？自己比得过那些行业前辈和厉害的专家吗？

先说一个简单的事实：**中高端市场卖的不是产品，而是时间。**

首先，以樊登老师为例，樊登读书卡卖得很便宜，但是你要请樊登老师去你家讲书，相信很少有人负担得起。在很多的细分赛道中，客户真正需要的是反馈辅导和定制化的解决方案，厉害的专家只能服务金字塔尖尖上的一小部分客户，他们会让出巨大的市场空间，给到专业能力不错的个人。

其次，**卖 1 万元的专业服务可能会比卖 99 元的课程难一些，但肯定不会难**

100 倍。个人提供的专业服务本身就是复杂产品，很难定义其性价比。比如，同样是解决法律问题，有人花几十元直播间连线咨询，也有人花几十万元请律师。

最后，**在服务中高端客户的过程中能挖掘大量真实的需求**。先做咨询解决实际问题，把共性问题提炼出来做成课程、写成书，打包为标准化产品。推荐个人从服务中高端市场开始，把反向衍生的标准化产品当作引流产品。例如，这本书就是我在咨询过程中遇到的共性问题的集合体。

如果你问，有一天服务不过来了，怎么办？这是一个甜美的困扰。建议放心大胆地提高价格，永远把时间留给最需要的客户。

访谈案例

欣怡（化名）是一名全职宝妈，兼职做瑜伽教练。疫情后瑜伽馆的生意一落千丈，她忧心忡忡。最近半年通过尝试短视频直播，她慢慢找到了一些机会，有不少粉丝加上她的微信。本地的粉丝她会介绍到自己的瑜伽馆，但还有很多外地的粉丝也想学，欣怡不知道提供什么产品。最开始欣怡尝试开发了一门 99 元的在线瑜伽学习课程，开发了一个月，最后只卖出去 20 份。和粉丝交流之后才发现，市面上这类课程很多，自己也不如其他大咖老师有影响力。后来欣怡设计了一门 3000 多元的定制课程，帮助女性用瑜伽纠正体态，提供一对一的方案定制和辅导。在只有 5000 名粉丝的情况下，这门课程卖了 200 多份，每月收入在 8 万元以上，比线下教学收入还高。访谈中，欣怡表示："市面上优秀的瑜伽教学课程很多，自己也不可能做得更好。客户需要的是一个贴身辅导的好教练。"

推荐好书

《街头生意经：MBA 课堂不会教你的》，诺姆·布罗茨基，博·博林翰，中信出版社，2010 年出版。

有些人有商业知识，但不懂做生意，因为做生意不仅需要有知识，还需要有智慧。这是一本传授商业智慧的书。作者是七家创业公司的创始人，三次跻身《企业》杂志500强企业家之列。整本书没有抓人眼球的新颖概念和口号，更多的是具体详细的操作指南。另外，每节都有读者来信内容和作者的回答，加强了这本书的指导性。建议你读一本经典的商业教材，再读几本像这样真正做过生意的人写的商业实战书。

　　推荐理由：讲技巧的商业实战书，让你少走很多弯路。

1.14　纸板模型

怎样找到正确的产品方向？

怎样验证产品需求？

什么时候可以开始销售产品？

不要过早地关注细节。

加快迭代反馈的速度比做计划更重要。

先卖再做，逆向生产。

什么是纸板模型？

你可能听说过 MVP（Minimum Viable Product，最小可用产品），简单地说就是做出一个刚刚好能体验功能的粗糙产品，让客户验证需求。而纸板模型其实是在 MVP 的基础上做的进一步简化。它是连产品都没有，在纸板上模拟的产品概念。打个比方，真实的产品是一款电脑游戏，MVP 相当于 10 分钟的试玩版，而纸板模型相当于用纸板演示游戏玩法的桌游。

谁都知道需求的重要性，产品开发者最害怕的是忙了整整半年，最后需求打偏了。

你有没有过这样的经历？耗费几天心血写的材料提交给上司，以为会获得赞许，结果上司说，这根本不是他想要的内容，最开始的需求都理解错了。如果同样的情况发生在产品开发中，后果会更加严重。花了几个月开发课程，最后发现课程解决的问题已经可以通过很多免费的方式解决，付费学习的需求是自己一厢情愿想象出来的。几个月的心血都白费了，心里后悔不已。

怎样避免这种情况的发生呢？

你可能想到提前调研。不过用户有可能在调研中"欺骗"你：嘴上说有需求，希望早点获得类似的产品或服务，等到产品或服务推出后，却不会购买。所以，我们需要做出一个让用户能使用、能理解功能的产品模型来做测试，用最小的代价检验需求是否真实。

举个例子，我有一位设计师学员，她发现周围很多朋友都购买了设计工具网站的会员，直接"套模板"来做设计，但因为缺乏设计思维，呈现效果还是不理想。于是，她准备开发一门课程，专门教大家如何用套模板的方式设计出更吸引人的海报。她问我这个课程有市场吗？我教了她一套纸板模型的测试方法，叫作"未来海报"。先假设自己的课程已经开发好，设计一张海报宣传课程，然后设置一个较低的预定价格，看看有多少人报名。测试发现，有不少人都点赞并报名，于是她坚定信心继续开发。正式产品推出后，果然很受欢迎。

从上面的例子可以看出，纸板模型比 MVP 更简单。MVP 需要一套试听版课程，至少要花几周。而纸板模型只需要设计一张宣传海报，花上半天即可。

如果你提供的是课程、专业服务等虚拟产品，我推荐你用纸板模型测试需求。因为虚拟产品本身看不见、摸不着，真实产品在销售过程中也是通过宣传物料说服用户的，所以用户在销售阶段的体验没有什么不同。先抛出概念来投石问路是不错的选择。

学会使用纸板模型还有额外的好处。

纸板模型强迫我们从核心出发思考问题，不过早关注细节（见图 1-14）。

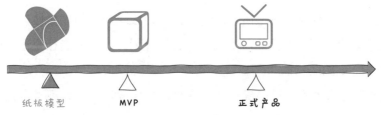

纸板模型强迫我们从核心出发思考问题，不过早关注细节

纸板模型　　MVP　　　　正式产品

图 1-14　纸板模型的作用

有人说细节是魔鬼，项目的成败都在细节里。这句话没错，但有一个不容忽视的前提——大方向正确。过早地关注细节，容易错过大方向上的明显纰漏。比

如，写作文，一开始就琢磨遣词造句可能会跑题；做设计，一开始就思考图案与配色，可能会忘记设计的目的是让用户扫二维码，提高转化率。

为什么不要过早地关注细节？

一是大家习惯性地关注自己擅长的、感兴趣的细节，容易陷入细节。比如，我很喜欢写品牌文案，我的朋友很喜欢设计 LOGO，如果不加以控制，任何项目拿到手做的第一件事，很可能都会变成写文案或画 LOGO。

二是方向没定，大量下了功夫的细节也可能被推倒重来，相当于做无用功。比如，我有一位客户对于 PPT 的格式要求极高，哪怕是只给两个人看的过程草稿，他都会耐心地审核排版问题。后来我索性不做 PPT，用一张白纸写要点，避免纠结于不重要的细节。毕竟从过程稿到终稿，有无数内容要重做，没必要浪费时间死抠最终可能用不上的细节。

三是细节会误导用户，掩盖真实需求。想象一下，一幅画整版都是白描速写，只有一个角落用工笔精细地描摹，观众是不是很容易被这个角落吸引，而忽视整幅画作想传递的内容。同理，对未完成的产品来说，精心打磨的细节是干扰项，是噪声。比如，你希望验证新产品是否有市场，就不要再设计送小礼物的营销方案，用户可能对产品不感兴趣，却因为小礼物吸引人而给出虚假的反馈。所以，送小礼物的细节就是在掩盖真实需求。

此外，大家喜欢细节还有一个重要原因——细节让我们有计划感和掌控感。有时我们会为了做计划，填充大量细节。如果验证需求只需要设计一张海报，或者做一次预报名，我们就可以把计划做得极其简单，一句"设计海报验证需求"即可。不要因为计划字数少而产生任何不安。

相信我，最开始我也不习惯，慢慢地我开始接受计划的模糊性。学会用动态计划替代静态计划，在未验证需求前不做长期计划，一点一点补充进展，花更多精力加快迭代反馈的速度。

计划的效力取决于项目的确定性。在真实的商业环境中，不确定是常态，不确定才能创造个人的机会和红利。撰写计划让人有一种虚假的掌控感，似乎后续的工作只要按照计划按部就班地推进即可。其实，这样的计划建立在多层假设的基础上。随着底层假设的坍塌，原来的结论都需要调整。

所以我们要启动逆向工程，先卖再做，加快迭代反馈的速度。

具体如何操作？可以按照以下三步走。

第一步，找出产品中最核心的需求和解决方案。像剥笋一样，把一层层锦上添花的细节不断去掉，不断问自己："把这部分功能去掉，用户还愿意买单吗？"比如，你是企业培训师，给学员提供启发是最核心的需求，只要产品能满足这个需求，哪怕授课风格、表现能力差一点，客户也愿意买单。

事实上，产品复杂往往是产品经理不自信的体现，他们期望通过堆加细节来弥补核心解决方案的薄弱之处。如果你希望锻炼需求把握的能力，最好一次只做一个功能，就像开在小巷子里的餐馆，环境和服务都不重要，检验水平的唯一标准就是好不好吃。

第二步，假设产品已经开发好，预售"纸板模型"。很多人在开发产品时容易陷入自嗨模式，一旦需要跳出来做营销定位时才感到棘手。如果你自己开发的产品，自己却提炼不清楚卖点，你很可能已经掉入自嗨陷阱。

知名设计公司 IDEO 内部有一套设计工具叫"Quick and Dirty Prototyping"（快速简陋建模）。他们开发实体产品时，拿胶带把纸、笔、卡片缠在一起，就开始给客户讲解这个开发中的产品能实现怎样的效果。如果你能用最简单的语言讲清楚，客户也很感兴趣，表示确实解决了他的问题，下一步只要把产品做出来，事情就成功了。

值得注意的是，一定要让用户"用脚投票"，而不是"用手投票"。"用脚投票"指让用户付出少量成本模拟真实的消费环境，"用手投票"则是简单地询问用户想不想要。要想测试出真实的结果，一定要让用户为纸板模型付出成本。最常见的做法是，设置一个较低的预售价格，或者先交少量订金。

第三步，逆向开发，不断迭代反馈。在完成纸板模型的验证后，你将获得一批宝贵的种子用户。逆向开发产品，交付 MVP。如果开发课程，你就先做好一个章节。如果提供专业服务，你就先筛选典型用户给出的关键问题的解决思路。如果是实体产品，你可以寄送样品，并引导用户只关注其中某个功能。

逆向开发最大的好处是，你能不断和用户交流，用户就是你的导航仪。不会出现反复纠结于某个细节，最后发现用户完全不在意这个细节的情况。就像一些理发店的理发师，总是在一小撮头发上精雕细琢，结果剪完后看不出来有什么不同。

当然纸板模型与逆向开发也不是万能的，它在满足现有需求上很奏效，但如果是研发创新产品，就需要综合自己的判断，不能完全被用户牵着鼻子走。毕竟在汽车出现前，用户认为他的需求是更快的马车。用户没有义务去了解和阐述自己的需求，而我们必须洞察用户没有说明的真实需求。

───「 访谈案例 」───

　　李玲是一名在儿童阅读领域有多年经验的专家。每当李玲想要推出新课程时，她就会在自己大大小小的社群里发一段文字，简要说明开设这门课程的缘由（一般是辅导学员的过程中发现很多人感兴趣的问题）、自己准备交付的方式、课程对潜在学员的价值，最后说"感兴趣的话，预交学费直接占座"。群里很多用户都是李玲老师的老学员，体验过她的其他课程和辅导，对她的专业能力有信心。简简单单的一段文字，能招募上百人报名。有时候李玲老师也会和学员说，自己还没有想清楚课程的具体形式，准备边上课边摸索。有时候报名的人多，说明对课程需求的定位精准；有时候报名的人较少，用户还可能提出一些不理解的地方，说明对课程的需求理解或表述形式还需要进一步打磨。李玲说，她已经习惯这样的产品开发模式，不少爆款产品从自己的社群一直卖到各大平台，销量喜人。

───「 推荐好书 」───

　　《创新的艺术（全新修订版）》，汤姆·凯利，乔纳森·利特曼，中信出版社，2013 年出版。

　　这是我推荐的第二本 IDEO 创始人写的书。书中最值得关注的部分是建模和需求验证的方法，这也是 IDEO 的拿手好戏。在做产品的过程中，设计思维是可迁移到各行各业的强大武器。早在产品经理这个岗位出现前，设计师就存在许久了。IDEO 从传统的产品设计公司发展到全球顶级的创新设计咨询公司，积累了大量简单好用的工具方法。本节介绍的"纸板模型"不过是我从 IDEO 众多工具中拿出来的一件"称手兵器"，如果你愿意学习，这本书会给你更多有趣的灵感启发。

　　推荐理由：向顶级设计公司学习产品设计方法。

02

打造有影响力的个人品牌

找一个轻巧结实的定位容器，持续不断地输出内容燃料，把它推上天。

2.1　火箭模型

为什么一定要做个人品牌？

做个人品牌就是做自媒体吗？

如何打造个人品牌？

做个人品牌就像发射火箭。

选一个轻巧结实的外壳，持续不断地注入燃料，最终把火箭推上天。

要实现商业化，必须先学会传播。在信息时代，不知道就等于不存在。对个人商业来说，你的产品就是你自己。先把自己产品化，再把产品品牌化。

企业做品牌可以花钱请广告公司，而个人更多的要靠自己。个人品牌打造这件事情无法外包，只有你知道如何推广自己。

做个人品牌并不等于做自媒体。比如，你是一名医生，你做了医学科普类短视频账号，在抖音上有 10 万粉丝。患者需要做手术时，会因为你是自媒体大 V 而选择你吗？不一定。

大家之所以会形成个人品牌等于自媒体的印象，正是因为现在传播前所未有地重要，从某种意义上传播比产品更稀缺。产品离不开传播，而传播本身已经成为产品。

很多自媒体人不需要产品，媒体就是产品，产品就是教别人如何做媒体。

不过，自媒体只是传播途径之一。打造典型案例、获得专业认证、出版著作、荣获奖项、客户口碑推荐等途径都是个人品牌传播的重要方式。

那么具体如何打造个人品牌呢？

我做了一个非常简洁的火箭发射模型，作为品牌篇的核心思维模型（见

图 2-1)。

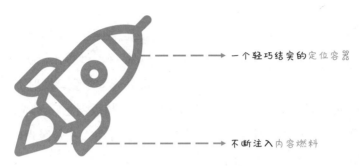

定位容器 + 内容燃料 = 个人品牌

图 2-1　个人品牌的火箭模型

先来看定位容器。个人品牌的火箭需要一个轻巧结实的定位容器，让人一眼就能看懂这是一架什么火箭。

品牌本身就是一个容器，容纳内容，承载信任。你是谁？你是做什么的？你有何过人之处？我为什么要认识你？没有容器，就无法形成稳定的记忆。这个容器可以是定位、符号、标签。

人人都知道要做"定位"，但真正能做到的不多。

设计定位容器有三个大坑。

一是不够稳定。

你把定位容器视为短期的需要，而不是长期的选择。比如，最近个人品牌很火，你给自己设计的定位是个人品牌顾问。过段时间，家庭财富的概念热了，你又成了家庭理财专家。而你的本职工作其实是保险经纪人。

如果确实随着个人成长，你希望有新的方向，你可以选择在原来的基础上"生长"，而不是推倒重来。比如，我之前的定位是新零售顾问，服务企业，现在衍生出新方向，服务个人，定位变成私人商业顾问。像这样在原来的基础上把范围放大或缩小，用户更容易形成品牌记忆。

二是不够契合。

个人品牌最终还是落在为产品服务上。人可以是复杂多面的，但个人品牌需要选择与商业化最契合的那一面。把握一个原则——先立住，再丰富。

先把自己扁平化、脸谱化，牢牢扣住产品，再慢慢补充其他标签。比如，你是地产经纪人，你首先要立住懂地产的定位，不能一上来就说我既懂地产，又懂沟通，还是风水大师。现在流行斜杠人生[①]，各种跨界标签看似拉风，其实在模糊重点。

三是不够轻巧。

不够轻巧这个坑，最多人踩。很多人做个人品牌，做得比较吃力，最后无奈放弃。有没有想过是定位提炼得不够？就像火箭外壳太笨重，发射不起来。

国内品牌定位界的高手华杉说："超级符号就是超级创意。"修辞学太重要了。"想清楚，说明白"是基本要求，能让人记住、能打动人才是努力的方向。比如你现在想到读书，往往还会想到樊登。

华杉还说过一句话："广告语不是我说一句话给顾客听，而是我设计一句话让顾客去说给别人听。"轻巧、口语化，才好转述。

选好容器，就成功了一半，剩下的工作是往容器里不断注入内容燃料。

这是一份长期而艰苦的差事。做个人品牌不是把定位想好，微信签名档一改就完事了。没有内容，就没有品牌。

怎样做内容？做什么内容？我们不妨类比明星，这样方便理解。

第一种内容叫作品。明星需要成名作，你也需要作品。作品既可以是产品，也可以是战绩、荣誉、经历。作品在传播的过程中，经常附在名字后面。比如，中间人向客户介绍我："这位是行业知名的商业顾问陈欢老师，他辅导过 KFC、迪卡侬等好多头部企业，还写了一本畅销书《新零售进化论》。"

第二种内容叫日更。明星经常发微博，没事上综艺，要混个脸熟。你写的文章、拍的短视频、做的直播也都属于日更内容。这些内容帮你向外持续辐射影响力。有时候你真的不知道是哪一篇文章、哪一条视频打动了观众，某一个重要的客户就找过来了。

第三种内容叫口碑。判断明星演技好不好、价值观正不正，主要靠口碑。俗话说"金杯银杯不如用户的口碑"。每个人最想关注的永远是自己：你和我有什么关系？你能否帮到我？口碑内容旨在不断讲好用户因你而改变的故事。

---

① 斜杠人生：互联网流行用语，指拥有多重职业和身份的多元生活方式。

访谈案例

　　秋叶大叔是全网知名的知识博主。提到"秋叶"，很多人第一时间会想到"PPT"。秋叶大叔的本名是张志，他是武汉工程大学的副教授。他很早就接触自媒体，在始于 2000 年的论坛时代就在网上发帖。2007 年他开始以秋叶为笔名，在新浪等网站开设博客。2008 年一个偶然的机会，校领导让他帮忙做申报博士点的 PPT，由此他打开了 PPT 创作培训的大门。他在博客上分享PPT 创作技巧，2009 年写了第一本关于 PPT 创作的畅销书。书籍的畅销给了他更多信心，他索性把书拓展成一个系列，这个系列卖了 50 万册。接下来的故事，几乎是一部自媒体发展的简史。2012 年年底，他开设微信公众号，2018 年带领团队在各大平台运营账号，包括抖音、小红书、知乎、快手、B站、视频号……凡是你能列举出的自媒体，都有"秋叶系"的身影。到今天，"秋叶"的培训已经从办公软件操作技巧拓展到各类职场技能应用技巧。秋叶大叔用了 15 年不断生产优质内容，一点一点让"秋叶"这个 IP 深入人心。他在文章中说，他很早就接受自己是一个普通人，清楚自己很难爆发，只能靠耐心地积累，做龟兔赛跑中那只从不放弃爬向终点的乌龟。熬得住才是硬道理。

推荐好书

　　《超级符号就是超级创意：席卷中国市场 14 年的华与华战略营销创意方法》，华杉，华楠，江苏凤凰文艺出版社，2016 年出版。

　　超级符号是华与华的核心方法论。书中的超级符号并不一定指视觉符号。按照华杉的说法，华与华有三大拳头产品：超级符号、超级口号、持续改善。视觉、听觉都能产生超级符号。书中讲的方法是如何用一句话就能说动消费者购买。这套方法论用在个人品牌上可以说是"降维应用"。讲品牌的书很多，华与华的书属于实战派，就像华与华公司的广告一样，好懂好记。看完这本书你甚至有给自己的个人品牌写一条押韵口号的冲动，口号要朗朗上口才行。

　　推荐理由：个人品牌写口号的必备读物。

2.2 真实、聚焦、稳定

什么人适合做个人品牌？

要不要给自己找人设、定位？

个人品牌应该怎样找准人设？

个人品牌属于需要势能和传播的人。

人设是个人品牌的记忆点，人设三要素：真实、聚焦、稳定。

并不是所有人都需要打造个人品牌。你使用的 App 上不会有产品经理的签名。个人品牌更适合需要势能和传播的人。例如，当你买一瓶水时，你并不在意这瓶水背后的公司老板叫什么名字。但当你买了一门课程时，你多半会仔细审视老师的背景和资历。

由于个人提供的产品大多是内容和专业服务，用户无法一眼评判产品的优劣，因此需要个人品牌提供佐证和背书。

个人品牌还有哪些作用？

第一，个人品牌是绝佳的敲门砖。第一次和客户见面，客户礼貌、平淡地寒暄，这时如果你介绍说，你在小红书上有 10 万粉丝，或者你是某本畅销书的作者，客户很可能眼前一亮。不管能否达成合作，个人品牌至少能帮你敲开客户的大门，让你们见上一面。所谓见面三分亲，门敲开了，有时候事就成了。

第二，个人品牌是优质的信任容器。想要在短时间内获得别人的信任并不容易。如果你在业界很有影响力，显然更容易第一时间获取信任。大家会想，既然这么多人信任他，应该不会错。反过来，名人都爱惜羽毛，珍惜自己的名誉。无论基于从众心理还是违约成本，个人品牌都能帮你快速建立别人对你的信任。

第三，**个人品牌能支持产品溢价。**小米请知名设计师原研哉升级品牌LOGO花了200万元，而普通设计师做同样的工作连2万元都不一定能收到。LOGO看似只是从直角变成了圆角，原研哉能够说出这么做的理由，并让人信服。从传播的角度看，200万元的设计费引起了全网的讨论，光是广告价值就远超200万元。没有原研哉强大的个人品牌，哪儿能激起如此大的水花。

第四，**个人品牌能不断积累势能。**我做了很多年顾问，在经营个人品牌之前，每次都需要拿出一份PPT详细罗列自己过往的经历。自从出了书，做了自媒体，我再也没有用过这份PPT，朋友在介绍我时会自然而然地说，这位是陈欢老师，行业知名的商业顾问，曾经做过某某知名企业的顾问。个人品牌会把你的经历串起来，简单概括为"知名""资深"等有些虚无缥缈的词，但你知道这意味着品牌势能的提高。

怎样打造个人品牌？很多专家老师会说，先定位好自己的人设。

知名经纪人杨天真说过："定位不等于人设，人设是凭空创造的，很多营销号叫我'人设女王'，我不接受这个称呼。"

可见，人设是凭空创造的，所以存在崩塌的风险；而好的定位建立在真实的基础上。

个人品牌需要有一个记忆点，所以定位标签需要好好提炼。

怎样找到定位？

从真实、聚焦、稳定三个要素下手（见图2-2）。

真实
必须基于真实

聚焦
聚焦某一个侧面

稳定
在稳定的基础上生长

图 2-2　怎样找到定位

第一，因为人是很难长期扮演另一个人的，所以定位标签必须基于真实。如果你是严谨的专家，就不要为了效果插科打诨。要知道我们都不是专业的演员，演得了一时，演不了一世。演就等于不自然、不舒适，始终无法让你做到挥洒自如。

定位标签既然是真实的，肯定有好的一面，也有差的一面。杨天真分享过一套方法，我们姑且称之为"长短板理论"吧。找出真实能力中的长板、中板和短板，仔细分析它们是不变还是变化的。尽可能展示并放大不变的长板；隐藏不变的短板；调整中板，选择性地展示并期待它的成长变化。

比如，你的应变能力很强，但计划性很差。你可以多选择采访、主持等内容输出形式，积极尝试短视频和直播，少写长文章，同时要减少产品线数量，避免虎头蛇尾。

第二，因为人是复杂而丰富的，所以定位标签要聚焦某一个侧面。没有人有时间仔仔细细地了解你，你要先让人记住。提到李雪琴，你想到的是脱口秀女演员、毕业于北京大学；而提到另一位脱口秀女演员杨笠，你想到的是犀利敢说的独立女性。由此可见，你记住的不是幽默，而是独特性标签。其实李雪琴、杨笠和所有人一样，都有丰富的经历和多种矛盾的性格。正确的做法是聚焦一个侧面，慢慢展开。

比如在短视频的 1 分钟里，你需要个性鲜明地展示一个标签，这叫**聚焦**。到了直播间里，你可以围绕标签多展示几个相关的特点，这叫**拓展**。到了朋友圈里，你还可以展示工作之外的另一面，这叫**立体**。

回想一下新生自我介绍时，是不是总有一些同学说"我兴趣广泛，什么都会一点，但都不精通，希望和大家成为朋友"。这些同学往往在我们的记忆中面目模糊，我们不要成为这样的同学。

第三，因为人是不断成长而多变的，所以定位标签需要在稳定的基础上生长。我周围的不少朋友成长很快，每隔一段时间就多一个新身份，头衔多到数不过来，美其名曰"斜杠青年／中年"。诚然，人是会不断成长的，当年的青春偶像多年后也会成为老戏骨，但是这个时间周期是以 5 年为一个单位的。如果 5 年内，你不断变化，不但前面的品牌积累白费，而且会给人留下不够靠谱的印象。

怎么办呢？我们要顺着成长轨迹，让标签自然生长，而不是简单地叠加它们。比如，你原来是少儿英语名师，政策变化后决定转型，你的标签可以更新为儿童英语学习力教练，而不是理财顾问。

　　卓然是一名普通的宝妈。她也曾在多个项目和身份间徘徊犹豫。本来她希望成为一名亲子阅读领域的读书博主，但是一本正经地面对镜头讲书让她无所适从。偶然的机会，她上传了和女儿的生活视频，反响不错，尝试几次后她意识到做轻松有趣的生活博主更适合她。在视频号简介一栏，她写着"全职做自己，兼职做妈妈"。她的定位标签就是妈妈，只不过是通过做自己成为精彩的妈妈。她做了 8 年的亲子社群运营，发起过有几万人参与的给孩子们写信的活动，也上了很多课、考了不少证，但"妈妈"的标签从始至终没有变过。她说在做自媒体时，从来没有考虑过给别人讲课，用她的话说是"太端着，不习惯"。她说自己就是一个热爱生活的妈妈，而且能展示生活的趣味，哪怕对着镜头化妆并自言自语都有十几万人围观。通过生活博主的自媒体账号，更多人认识了卓然。目前，卓然通过推广童书每月有几万元的收入，再加上其他项目，年收入上百万元，比大部分企业的中高管还多。访谈中，卓然说找到让自己最轻松的定位，长期做下去，自然就有结果。

推荐好书

　　《刻板印象：我们为何歧视与被歧视》，克劳德·M.斯蒂尔，民主与建设出版社，2021 年出版。

　　想要理解个人品牌，先要理解人是如何对他人形成印象的。人的认知模式决定，为了快速理解复杂的世界，从而做出相对正确的决策，大脑会简化归类外部的人和事，并贴上各种标签。标签组成的人设和真实的人有巨大的差异，认知一时半会儿也很难扭转，这也就是书中的核心主题——刻板印象。作者是美国著名社会心理学家，通过书中种种案例揭示人的本性，说明人生来戴着有色眼镜。这本书对我最大的启发是，标签是本能的联想，消除刻板印象是一件困难的事情。如果要塑造个人品牌，应该反向利用刻板印象，筛选相互佐证的标签，而不要选择相互矛盾的标签。

　　推荐理由：一本让你深刻了解刻板印象的书。

2.3 精准定位，和而不同

怎样找准自己的定位？

如何让用户一眼记住自己？

如何在同行中脱颖而出？

定位的诀窍是和而不同。

创造出熟悉的陌生感，你就赢了。

当你在高档咖啡厅点餐时，透明柜台里摆着一排矿泉水，其中有一瓶没见过的矿泉水，水滴型玻璃瓶身，上面印着看不太懂的英文单词，我猜你一定不太敢点，担心这瓶水贵得吓人。为什么不看价格你也认为这是一瓶高端水？很可能是它的外形设计和你所知道的那些很贵的矿泉水类似。

如果说个人品牌定位有诀窍的话，我将其概括为"和而不同"。先要"和"，再谈"不同"。所谓"和"就是你需要从各个方面与同等段位的竞争对手保持一致。比如，你是一位律师，同行出镜都穿职业装，显得优雅从容、自信满满，你哪怕再有个性，也不能穿成海滩度假风。因为用户第一眼看到你会进行判断，回忆脑海中熟悉的形象进行类比，如果你没法被归类，或被归入错误的类别，很可能就没有机会继续展示自己了。

这种方法乍一看有点反直觉，定位不是做好差异化吗？其实"和"比"不同"重要。

很多人谈"定位"容易陷入误区，过分强调差异化。其实在做差异化之前，更重要的是传递自己所属的类别。服务谁？高端还是大众？不是用文字说明，而是用细节传递。具体包括穿什么、说什么、做什么。

穿什么，不仅指形象，更是泛指营造整个氛围。比如，你将自己定位为教育专家，拍短视频可以用精致的布景，突出专业度和权威感。如果将自己定位为懂教育的妈妈，可以在家庭场景中直接拿起手机即兴分享生活，传递真诚亲切的感觉。

说什么，不仅指语言，还包括语速、表情、停顿。科学研究表明，怎么说比说什么更重要。在脑海中想象你说话的对象。这个提法是用书面语还是口头语？在真实生活中，你会这么和他说话吗？多观察你希望模仿的同行，找准感觉。

做什么，不仅指当下，还有长期持续的行为。比如，你建议大家多陪孩子阅读，少刷手机，但大家时时刻刻都看到你活跃在朋友圈。这种言行不一，很容易让你的定位一秒破功。穿什么、说什么都可以在短期内调整，只有做什么是长期的行为观察，最难改变也最有价值。

如何在不影响"和"的前提下，强化"不同"呢？

对普通人来说，熟悉一些常见的差异化定位思路很有帮助。

一是用实战区别大咖。当同行是知名大咖时，你可以强调自己胜在有实战经验。

二是用过来人区别专家。当同行专业能力比你强太多时，你可以强调自己就是过来人，最懂用户。

三是专注某个细分领域，用垂直细分区别面面俱到。当同行各个方面都很厉害时，你可以强调自己只聚焦某一个领域（见图 2-3）。

图 2-3　"和而不同"定位模型

以我自己为例。提到商业顾问，大家首先想到的是刘润老师。如果我希望树立商业顾问的个人品牌，我应该如何应用"和而不同"的方法呢？

先来看"和"的部分。刘润老师给大家留下的印象是深刻的商业洞察、形象生动的表达、拿得出手的战绩，以及脍炙人口的畅销书和课程。综合以上部分，大家认为商业顾问就应该如此优秀，所以我也需要在各个板块做出相应的成果。具体拆解为专业能力、表达能力、项目战绩、出版、课程五大板块。我定好目标，一个一个去实现。

再看怎样强化不同呢？刘润老师被誉为"中国最贵的商业顾问之一"，不投标，不上门，客户真的有诚意，请来公司面谈。

我梳理盘点了一下，我的优势在于动手能力强，喜欢参与一线实战来落地方案。当年我才做了两个月的顾问，就直接加入"书里有品"团队担任首席增长官。所以我的差异化定位为**实干**，我就好好强化"实干的商业顾问"的品牌标签，拿更多战绩说话，讲更多实战检验过的商业方法。

─── 访谈案例 ───

　　王浩之是一家老牌民营图书公司的二代出版人。父母在 40 年前创立了这家图书公司，王浩之从日本留学归来，接手公司，希望让传统的图书行业搭上新媒体的快车。于是，他决定亲自下场孵化自己的个人 IP 账号。做账号的第一步是找定位，仔细研究了全网的读书博主账号，他都没有发现适合自己模仿学习的。后来，他偶然发现了艺术类 IP 意公子的账号，其内容扎实、制作考究，兼具传播度和文化底蕴。这就是他心目中文化类账号的样子。在学习意公子账号的基础上，王浩之将自己日本留学和图书出版的背景巧妙地融入内容，和普通读书博主的选题内容做好差异化区分。视频内容最终成功吸引了不少出版业的合作伙伴，王浩之也因此拿到了更多的高端合作机会。

─── 推荐好书 ───

《定位：争夺用户心智的战争》，杰克·特劳特，艾·里斯，机械工业出版社，2017 年出版。

营销领域的经典图书，也是中国企业家最喜欢的书之一。对个人品牌，书中所讲的定位四步法同样好用。第一步，分析整个外部环境，确定"竞争对手是谁，竞争对手的价值是什么"。个人可以分析自己行业顶级专家的个人品牌强调哪些价值。第二步，避开竞争对手在顾客心智中的强势，或是利用其强势中蕴含的弱点，确立品牌的优势位置——定位。找到自己擅长而顶级专家没有特意强调的点。第三步，为这一定位寻求一个可靠的证明——信任状。提供证明自己擅长的一系列证据。第四步，将这一定位植入顾客的心智。重复、重复，再重复。个人品牌刚刚兴起不久，如果想从企业品牌经典理论中汲取养料，这本《定位：争夺用户心智的战争》再合适不过。

推荐理由：营销定位领域不容错过的经典好书。

2.4　做流量还是做品牌

没有流量怎么办?

流量越来越贵怎么办?

做流量还是做品牌?

品牌才是持续的流量。

流量解决生存问题,品牌解决发展问题(见图 2-4)。

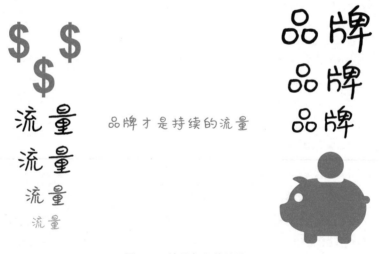

图 2-4　流量与品牌的关系

如果你的收入已经足以维持生活,想尽一切办法做品牌吧。

在更长远的时间线上,品牌比流量的投资回报率高得多。

做流量还是做品牌? 这是一个问题。

想象一下，你是一名作文老师，你应该花更多时间拍短视频、做直播来涨粉获客，还是带学生磨课来拿奖出书？

大部分人心里清楚要做品牌，行动上还是忍不住地去做流量。毕竟流量能立刻带来成交额，解决现金流的问题，而做品牌暂时看不到立竿见影的效果。

广告行业常说"有一半钱浪费了，但不知道是哪一半"。而流量营销技术能精准地告诉你每一个用户的获客成本。

既然我能清楚地知道获取一个用户的成本，只要成本够用，我就能源源不断地用钱获取用户，且稳赚不赔。但事实真的是这样吗？

我访谈过不少优秀的自媒体大V，他们都经历过"流量过山车"。最开始的摸索期，他们花了钱、花了时间，但流量效果并不显著。到了某个临界点，流量突然汹涌而来，完全承接都有难度。尝到了流量的甜头后，他们加大力度做短视频、做直播、做投放，招兵买马。但很快流量红利见顶，投放的ROI（投入产出比）从4~5掉到1.2~1.3。利润被流量成本吞噬，他们逐渐陷入流量焦虑。

这是每个做流量的从业者都无法回避的事实——获取流量只会越来越难。

做流量和做品牌最大的区别在于有没有积累。

做流量像放牧，哪个平台红利最丰饶、获客难度最小就去哪个平台，很快大家蜂拥而上，红利消失了，又要寻找新的牧场。

做品牌像盖楼，前期需要大量投入，搭建地基和框架。等楼建好了，自然宾客盈门。虽然慢一点，但辛苦不会白费，随着后续的不断扩建，楼越来越宏伟，生意也越做越轻松。

通过以上分享我们可以得出一个结论：个人品牌建设比流量获取更重要。

从机制上看，品牌有两大流量不具备的功能。

一是信任背书。有了信任，用户购买的转化率大大提升，还能持续贡献自然流量。

二是溢价来源。有了溢价，你能放心地下血本提升品牌知名度，满足用户的个性化需求，不用陷入价格战。

有人可能会担心："不做流量，客户从哪里来呢？"

其实，做品牌并不意味着不做流量，而是不做没有积累的流量，不做一次性的流量。在满足基本生存需求的前提下，分配更多的资源建设个人品牌。

以直播为例，如果你的产品或服务本身没有优势，哪怕投入全部精力天天直播，不断砸钱买流量，效果也一般。类似于船的底部有洞，努力向外舀水也是白费功夫，船还是会沉没。

合理的方式为留好一定的直播时间，解决获客变现的现实问题，剩下的时间用来打磨产品、积累成功案例、经营品牌内容。

有没有可能做一个自带流量的个人品牌？

答案是肯定的，可以按照以下三个步骤进行：

第一步，卖爆自己。先解决个人品牌的基础问题。你是谁？你能提供什么价值？你和别人有什么不同，如何证明？

第二步，社交"种草"[①]。你的客户、朋友，选了 / 买了 / 用了你的产品或服务效果怎么样？有没有因此变得更好，有多好？让大量的用户见证。不断积累势能，通过朋友圈、文章、短视频、直播向所有能触及的用户辐射影响力。先成为小圈子里公认的品牌。这一阶段主攻打样，打磨高中低不同价位的产品线。

第三步，势能转化。带着品牌势能和打样效果，寻找流量来源。可以找专业的伙伴加入，自建流量池，通过短视频直播获客；也可以找有流量的个人和机构合作，把势能转化为销售额。

───「访谈案例」───

何捷老师是福建省教育厅认定的"教学名师"、语文学科的带头人，出版了 40 多套图书，总销量过百万册。我在访谈何捷老师的过程中发现一个有趣的现象：他的合作伙伴特别多。不同的图书由不同出版社的编辑联系营销资源，线上课程交给专门的课程代理公司。何捷老师只负责一件事——持续创作优质内容。他给自己定的目标是坚持每天写 1000 字的原创文章，早上雷打不动地写作。这一写就是十几年。作品质量高，出版社给到更多营销资源，图书更加畅销，更多出版社签约，如此良性循环。后来短视频直播兴起，他也将直播完全交给专门的公司打理，自己只需要出镜录制。直播间的流量问

---

① 种草：互联网流行用语，指将某些事物推荐给其他人，使他们对这些事物产生兴趣。

题怎么解决？完全不用担心，有人"送"流量。很多教育类大主播选中了何捷老师的图书和课程产品，通过直播间连线带货，单场直播销售额超过 40 万元，一周安排 3 场都排不过来。何捷老师完全没有商业背景，但商业意识十分出色，他只把握两个关键点：第一，持续创造优质的产品，打造个人品牌；第二，用品牌势能吸引优秀的合作伙伴，解决流量和变现问题。

推荐好书

《人心红利：存量博弈下的企业增长方法论》，江南春，中信出版集团，2021年出版。

在电梯间里对你狂轰滥炸的品牌广告，比如妙可蓝多、飞鹤，都出自分众传媒创始人江南春。江南春用一整本书告诉你，为什么做品牌比做流量好，因为品牌才能深入人心。不同于广告界其他大师的品牌著作，书中的内容简单直接，比如，怎样判断品牌的广告语打得准不准？书中说可以用三句话来检视：顾客认不认，销售用不用，对手恨不恨。还有很多类似的直白结论，有经验的人一看就感觉全部说在点上，茅塞顿开。个人做品牌其实就是企业做品牌的精简版，看完书中投入几千万元后提炼出来的品牌方法论，再回到自己的案例，你会发现有不少能拿来借鉴的工具。

推荐理由：当我还在品牌和流量之间犹豫时，这本书彻底说服了我。

2.5　用户从哪里来

从哪里获取用户？

怎样稳定获取用户？

不同平台获取用户的规律是什么？

每天都能稳定获取新用户是业务走上正轨的标志。

有三种途径获取用户：品牌搜索、算法推荐、社交裂变。

对应有三种获客方案：卡位关键词、放牧平台、打通私域（见图 2-5）。

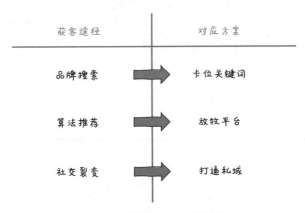

图 2-5　获取用户的三种途径

商场有自然客流，公司有销售代表，个人有什么？当你决定单干后，最现实的问题摆在眼前——用户从哪里来？

有人说，这还不简单，在朋友圈发个动态就有了；或者再深入想一层，朋友圈的用户也会枯竭，需要做自媒体，通过公众号文章、短视频、直播获取新用户。

但这根本不是问题的全部。要想真正稳定地获取新用户，必须理解获客的本质。

无论对企业还是个人，目前互联网获客途径主要有以下三种。

一是品牌搜索。

用户主动通过品牌关键词找到你。比如，搜索公众号的名称，搜索你的个人品牌名称，搜索某个关键词看到一篇文章中提到你。用户为什么会搜索你？因为你在各个场合、各类渠道持续不断地辐射影响力。简单来说，有曝光量才有搜索。品牌搜索相当于你的路标，随着你影响力的提升，大家会顺着路标找过来。与品牌搜索相关的媒介包括百科（百度/搜狗/今日头条）、公众号、知乎、行业媒体等。

二是算法推荐。

平台基于算法向用户推荐你。你通过创作优质内容，或付费投放获取用户。比如，你发布了一条短视频，抖音推荐给5000个用户观看，有50个用户给你点赞，5个用户关注你。这些用户和你素不相识，完全因为算法和你走到一起。算法推荐是一种获客能力强、门槛足够低、天花板足够高的路径。通过算法推荐获客相当于你运营自己的电视台，每一次开播都能吸引一波新用户，一天不生产内容，就一天没有用户。与算法推荐相关的媒介包括今日头条、抖音、视频号、小红书、快手等。

三是社交裂变。

基于微信生态社交关系获取新用户。比如，用户转介绍新用户、用户转发内容吸引新用户、在别人的社群里分享内容获得新用户。谈论社交裂变经常会提到一个叫"私域"的词，它指的是已经和你建立联系的用户，可以简单理解为已经加上你的微信号或你社群里的用户。社交裂变相当于你的市场活动，大家都在提起你，愿意介绍你，用户也越来越多。与社交裂变相关的媒介包括微信私聊、朋友圈、社群。

三大获客途径，任何一条展开来看都有海量的打法，并还在以天为单位快速更新换代。如果你刚刚接触这些，一定感觉千头万绪、不知所措。

那么怎样抓住重点？有没有一条贯穿始终的主线？

虽然每个超级个体的打法都不同，但经过大量对比和验证，我发现每种途径都有一条主线打法。下面具体来看一下。

针对品牌搜索，卡位关键词。

IP、定位、关键词，三位一体。IP 就是你的名字，可以是本名，比如陈欢、刘润、樊登；也可以是艺名，比如冯唐、金错刀、金枪大叔。定位是你的领域，比如商业顾问、读书、品牌咨询。IP+定位，让大家一眼就知道你能提供什么价值。关键词是用来描述定位的词语。很多人喜欢自己创造关键词，这显然没有真正理解关键词的作用。关键词是用来加深用户印象的，所以要尽量选择更多人习惯搜索的词。想办法建立关键词与自己的强绑定。这可以理解为，提到某个词，你自然就想到某个人。比如，提到读书，你想到樊登；提到商业顾问，你想到刘润。

选好自己的关键词，也就是前文提到的火箭模型中的定位容器，剩下的事就是在所有场合重复、重复，再重复。

当然，重复也是有技巧的，需要留下痕迹。只有留下痕迹，才有可能被搜索引擎抓取到。我见过两种非常聪明的做法。第一种，自己写内容。在短视频火爆的当下，依然坚持撰写优质的干货文章，投稿到媒体平台，或参加行业分享会被媒体报道。这样日积月累，搜索关键词就能找到你。第二种，别人写内容。打造一个行业经典案例，被无数人引用、转述，这种效果更好，也更难。先从自己主动讲述一个经典案例做起。

针对算法推荐，放牧平台。

抖音、快手、小红书、视频号这么多平台，个人没有大团队，想在每个平台上都做内容不现实。如果选一个平台做，选哪个？怎么做？这是让很多人头痛的问题。其实算法平台也有 T 型能力模型，一纵一横构成 T 型能力结构。一纵是内容创作能力，可以迁移至各个平台；一横是对平台规则、推荐机制的理解，比如视频号推崇正能量，小红书推崇实用指南，抖音推崇泛娱乐化。

我在访谈各个平台的大 V 博主时，听到一个有趣的说法叫"放牧平台"。怎么理解它呢？不同时期，平台的流量红利不同，如果选对了平台，同样的投入能获取更多的用户。所以我们可以做"内容牧羊人"，不用为平台的取舍发愁，看清趋势，去"水草最丰美"的平台赢得用户关注就好。

具体操作来看，首先要加入情报灵通的圈子，及时了解算法平台目前的趋势。其次，在一段时间，例如半年内，以一个平台为主做内容，其他平台有精力就做，没精力就放一放。最后，不断夯实自身的内容创作实力，这样去任何平台都有竞争力。

针对社交裂变，打通私域。

一句话，别人的私域就是你的公域。每个人都有自己的私域，很多人的微信通信录里有几百上千个好友。怎样让用户愿意帮你传播？一定要把握三个关键：产品、内容和机制。

产品好，用户自然愿意推荐。内容有感召力，转化效率高。机制设计得合理，有物质和精神激励，偶然的推荐行为能变成长期动作。私域是产品的试金石，尝试主动请用户帮你介绍用户，主动争取去其他社群分享的机会，测试产品的转化效果。有时候一场分享能给你带来上百位精准客户，而你需要做的仅仅是讲好自己的专业对用户的价值。还有什么比社交裂变更适合刚刚上路，除了专业什么都不会的新人呢？

社交裂变能帮你扛过没有品牌搜索流量、不熟悉算法推荐机制的青黄不接时期。每个有私域流量的组织或个人，都希望推荐更好的产品、对客户更有价值的内容。做到这两点，我们就能不断获得更好的分享机会。具体操作上，可以制订计划，每周争取去别人的社群做一次分享，或直播连线。每次交付完产品和服务，引导用户分享并转介绍新用户。

───【 访谈案例 】───

厦九九从厦门大学中文系毕业后，进入地产公司做策划和营销工作。这段时间，她戏称自己为三无人员——无兴趣、无热爱、无特长。在职场发展三年后，她遭遇人生低谷，因而辞职转行，一边学习新行业知识一边探索自我成长路径。她2016年开始把自己的经历和所思所感发布在自媒体上，最开始选择的平台是简书，前期反响平平，没引起太多关注。2017年在公众号上有了几篇爆款文章，被人民日报和新华社转载，其中一篇还一度登上微博热搜榜。2018 年，前期在自媒体上积淀的内容被编辑发掘，在编辑的邀请下，她出版了第一本书《撑过去，你终将成为更好的自己》。在 2019 年 3 月，因为看到今日头条的流量机会，她下定决心全力运营今日头条账号。用了一年，她从零做到拥有 10 万名粉丝。2020 年正赶上今日头条的扶持政策，她通过广告、课程变现了 100 多万元。尝到平台增长红利的甜头后，她更加关注各个平台的机会，同时抓住了百度百家号等多个平台的发展机会。当今日头条政策调整，粉丝增长放缓后，她再一次转移阵地到小红书，很快成了拥有 35 万名粉丝的小红书大 V。厦九九说，平台就像牧场，找到自己喜欢且擅长的内容输出方式，哪里水草丰美就去哪里放牧。

推荐好书

《增长黑客：如何低成本实现爆发式成长》，肖恩·埃利斯，摩根·布朗，中信出版集团，2018 年出版。

这本书是国内至少一半互联网流量运营书籍的理论来源。对于个人来说，帮助最大的是实战部分，如何分析数据并收集洞察，形成试验想法，排定试验优先级，运行试验。如果你不是互联网运营岗位出身，思考用户获取方案时容易陷入想当然的局面。如果说品牌定位是大方向上的判断，运营获客则是小细节上的打磨。书中介绍的很多方法你不一定都能用上，但数据分析与判断的流程和思路能让你看懂各种平台数据背后的意义，掌握调整与优化获客流程的能力。大部分人都喜欢形象直观的定位理论，不太容易被复杂烦琐的数据打动。一旦你学会看数据、分析数据，你的竞争力将会上一个新台阶。

推荐理由：与其相信市面上某些昂贵且不靠谱的流量营销课程，不如看看这本书。

2.6　内容筛选用户

粉丝是越多越好吗？

分享专业内容没人看怎么办？

如何找到目标客户？

内容是用户的筛选器，什么样的内容吸引什么样的用户。

精准用户比什么都重要。

粉丝是越多越好吗？你问 100 个人，有 90 多个人都会说"当然"，剩下几个人心里也暗想难道不是吗？

如果你未来希望通过广告变现，或者电商带货，粉丝当然是越多越好。但如果你希望通过课程和专业服务变现，粉丝并不是越多越好。道理很简单，粉丝越多，你筛选目标客户的工作量越大。

所以对准备做某个垂直领域的人来说，精准用户比什么都重要。

在访谈超级个体的过程中，不少受访者都提及走过的弯路。刚刚接触今日头条、抖音、视频号之类的平台时，很容易被涨粉蒙蔽。当你发布自己专业领域的内容时，视频播放量只有几百，点赞和关注数更是少得可怜。坚持了一段时间，你开始反思，于是学着追热点，聊社会新闻，数据马上就上去了。你内心狂喜，感觉找到了方法。按照数据的指引继续做内容，涨到 10 万粉丝之后，你突然发现用户对你的产品和服务没有需求，无法变现。在用户面前你更像一个新闻评论员，而不是行业专家。这时候你才回过味来，考虑重新做账号。

你在琢磨算法时，要当心算法在反向"驯化"你。人天生喜欢轻松有趣的娱乐内容，它们的数据反馈一定会比专业的内容好。如果完全根据后台数据来调整内容，算法一定会把你的账号训练成新闻账号或娱乐账号。

与之对应，不少超级个体坚持做专业内容。虽然流量数据看起来平淡无奇，但效果非常神奇。有一位做信托的专家朋友，做了两个月的抖音账号只有 3000 名粉丝，无论视频有多少人看，他都坚持更新专业内容。他为什么这么积极？他说，因为后台天天都有客户私信，还曾经有客户因为视频主动联系，他们最终达成了 3000 万元的大订单。

因此，怎样在坚持专业的同时让更多人看见并喜欢上你的内容？这才是做内容的真正命题。总结以下三点经验（见图 2-6）。

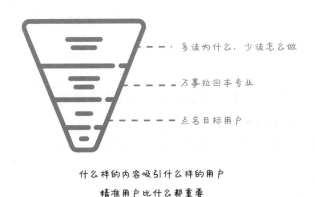

多谈为什么，少谈怎么做

万事拉回本专业

点名目标用户

什么样的内容吸引什么样的用户

精准用户比什么都重要

图 2-6　内容筛选用户的方法

一是多谈为什么，少谈怎么做。

这点非常反直觉，我们正常情况下分享干货都喜欢讲怎么做。但在短视频平台不一样。想了解怎么做的人是少数，而且大部分已经在做了，不一定能成为你的客户。反过来，大部分人还处于观望状态。当你讲为什么要做时，能吸引更多的用户人群，内容更容易出爆款。比如，如果你想讲读书教育的干货，与其讲如何读书，不如讲为什么要陪孩子阅读。

短视频的作用是帮你找到目标用户，而不是帮你教会目标用户。毕竟大部分刷短视频的人，内心的期待是看到有意思的内容顺便长长见识，故而一本正经地讲专业内容，效果并不好。更多干货内容可以通过公众号图文的形式传递给用户。

二是万事拉回本专业。

虽说要谈专业，但不是像大学教授一样一板一眼地谈，而是要用专业来解释大家关注的热点事物。厉害的内容创作者有一种能力，他们能把所有热点拉回自己的专业。比如北京冬奥会期间，教育博主谈谷爱凌的妈妈如何培养孩子，商业博主分析谷爱凌背后的代言价值，时尚博主介绍谷爱凌的配搭风格。每个人都能从热点切入自己的主场。

三是点名目标用户。

注意观察就会发现，有经验的内容创作者经常在文案中直接点名目标用户。"宝妈一定不能错过的 10 个免费教育资源""职场人最容易掉入的理财陷阱"。点名目标用户是一个简单好用的技巧。用户被点名会本能地对号入座，感觉内容更有针对性，没有被点名的非目标用户自然划走视频。同时，算法也能知道你希望把内容推荐给谁，获取用户的精准度会相应提高。

──┤ 访谈案例 ├──

无戒是一名青年作家，曾出版《38℃爱情》《余温》《云端》等小说。2015 年，她开设机构，主要业务是带着学员从 0 到 1 开启写作之路。经过很多年的探索，她最终聚焦小说领域。市面上教写作的老师不少，但大部分集中在自媒体写作、文案写作等与商业关联更紧密的领域。想要写小说并愿意投入大量时间、精力来付诸实践的人是非常少的一部分。我曾请教无戒如何找到这群用户。

她说，并不复杂，只需要实事求是地告诉用户你能帮到他们什么，并通过视频、直播、文章展示自己的专业能力即可。如果用户认可你的专业能力，自然会愿意跟着你学习。不夸大宣传，本着实事求是的态度，做好产品、做好服务、做好宣传，一切都会水到渠成。喜欢你的用户都是思维与你同频的人，你们自然能一起写得开心，获得成绩。

推荐好书

《传播学是什么》，陈力丹，北京大学出版社，2007 年出版。

做内容要学传播。这是一本专业学者写给大学生的传播学入门科普书。我们今天做的文案、短视频、直播都是大众传播工作。既然是大众传播，其必然符合大众传播的规律。有一次，我不知道为什么拍的短视频吸引来的全是叔叔阿姨。书中介绍传播学三大学派之一 ——经验 – 功能学派的思维框架给了我灵感，我依据传播的五个要素，谁（定位）、说了什么（内容）、对谁（受众）、通过什么渠道（媒介）、取得什么效果（体验），用排除法一个一个检查，发现原来是这个平台这个时间段叔叔阿姨比较活跃。类似的案例还有很多。书中介绍了信息论、控制论、系统论、文艺母题等一般通俗营销学书较少涉及的底层内容。如果你有一定的举一反三能力，遇到创作内容上的难题时，随手翻阅这本书可能有意想不到的收获。

推荐理由：提供了很多经典好用的思维框架。

2.7　写作为王

先学短视频还是先学写作?

什么样的内容才是好内容?

怎样写出好内容?

海量内容，写作为王。如果你的精力只够学一种内容形态，一定要选择写作。

万字干货好写，文艺小品不难，最难的是脱口秀文本，要有趣、有料、有共鸣，而这恰恰像极了我们真正要写的内容。

很多人抱怨做内容要学的东西太多了，要会写、会讲、会表演、会拍摄、会剪辑、完全学不过来。

如果你刚刚接触内容，相信我，一定要选择写作。

我说两个事实。

一是很多自媒体 IP 从微博时代一直火到直播时代。他们最开始都是从事写作的。掌握了写作的诀窍，其他内容形式都不难做。

二是短视频时代有一个剧情类 IP "朱一旦的枯燥生活"，IP 本人和背后的编剧兼导演闹翻后，编剧重新找了一帮阿姨打造了新的故事，自己也成为 B 站的顶流 IP "导演小策"，而会演的 "朱一旦" 却泯然于众人。

微信创始人张小龙曾说，公众号的门槛还是太高了，所以他做了视频号。

可见，**能说的人太多，会写的人太少。**

写作是争夺注意力的基本功。基本功打得牢，品牌才走得远。

普通人打造个人品牌经常会遇到两个误区。

一是误以为 "会写作 = 会写干货文"。

写干货文需要的不是写作能力，而是逻辑能力。打个比方，教成绩优异的学生不难，把题讲清楚就好，难的是怎样教成绩一般的学生，让他们更有兴趣学习。

不少专家还是单纯地把做内容理解为输出干货，追求万字长文，经常抱怨用户太浮躁，没有时间静下心来欣赏文章。如果专业性强，内容就强，那么全世界最会做内容的人都在大学和研究所里。

能逻辑清晰地输出观点是内容的下限，即基本要求。

写得引人入胜才是本事。

二是误以为"会写作 = 文笔好"。

会写作也不等于文笔好。对文笔要求的排序从高到低：书籍＞公众号＞朋友圈＞短视频＞直播。文笔好，高级词就多；高级词多，受众就少。用户现在对写作的要求参考脱口秀。每个词都听得懂，但大白话也能讲得有意思。文采斐然的内容适合放在书里，注意力争夺战中会写大白话的人更占优势。

回到具体文本上，公众号文章、朋友圈文案、短视频脚本、直播话术，这么多内容文本，到底需要掌握什么样的写作技巧？

下面的三招教你把握写作技巧的底层共性（见图 2-7）。

获得感　　　　认同感　　　　快乐感
学会"直给"　　学会观察　　学会预期违背

图 2-7　写作技巧的底层共性

一是获得感，学会"直给"。

一句话讲清楚关键，大家需要的不是干货，而是获得干货的感觉。干货意味着收藏保存，有时间慢慢看，你需要传递的是"马上、立刻、现在就给你上干货"。"三句话教会你写作"看上去是不是很有吸引力？用户普遍希望用最少的代价拿到最大的收获。在短平快的时代，需要把收获感前置。

什么叫"直给"？预判观众想看什么，就直接给什么。就像从中间翻开一本小说，正好呈现揭晓答案的精彩时刻。做短视频内容有一个技巧：精彩片段前置，把最吸引人的三秒切片放在最前面。其实很多高明的小说家也会采用高潮加倒叙的写作技巧。

二是认同感，学会观察。

"你有没有过这样的经历"是一句经典的短视频开头。观众需要认同，但是观众不太会表达。有一个网络流行词叫"互联网嘴替"，意思是"你把我想说的话说出来了，说得太好了，点赞转发来一波"，这就是认同。

认同感来自细致的观察。举个例子，我访谈过一位宝妈，她只用一句话，就瞬间引爆整个朋友圈。这句话是"我再也不想过这种手心向上的日子了"。手心向上形象地勾勒出每个月伸手问老公要家用的那种卑微模样，让人感同身受。

三是快乐感，学会预期违背。

脱口秀为什么好看？因为它不断地制造预期违背。例如，常吃油炸食品脸上会出现什么？——笑容；结婚为什么要放鞭炮？——给自己壮胆吧。这个技巧，脱口秀演员反复使用，方法为先制造一个预期，然后转到另一个事情上。违背预期，人会莫名觉得好笑。如果你能让观众笑着听你说完，就成功一半了。

怎样学会以上写作技巧呢？在这点上没有捷径，唯有不断练习。动笔，多写，写出感觉。

分享一个动笔的技巧——"快写慢改"。你是否经常写了又删，删了又写？有专家做过统计，写作卡在开头的人比卡在中间的人要多。尽量接受事实，第一遍写出来的内容质量肯定不行，不用纠结，先写下来，写到中间的时候，灵感来了，手也顺了。所以第一遍尽可能快。反过来，应该留下足够的时间来修改，把可有可无的内容统统删去，重新写一个有吸引力的开头。

—— 访谈案例 ——

吕白是一位写作高手。他是传说中的情感类大V，月薪5万的实习生。我认识他时，他已经从当年火遍全网的情感类公众号团队离职，专门教自媒体写作。那年他才22岁，刚刚大学毕业。最开始他擅长写公众号阅读量10

万+的爆款文章。2019年他开始写书，写爆款畅销书的诀窍也很快被他摸透，在3年多的时间里他出版了11本书，有几本书还常年盘踞在新媒体畅销书榜前列。后来他在多家知名大企业任职，负责短视频板块。无论视频号还是小红书账号，他都能用写作积累的内容逻辑做得风生水起。吕白厉害的地方是他知道用户想要什么，当年研究公众号时，他拆解了大量爆款文章的逻辑，切换到短视频领域，对他来说不过是换了一个形式，只要琢磨清楚平台的基本规律，马上又能输出爆款。

推荐好书

《写作这回事：创作生涯回忆录》，斯蒂芬·金，人民文学出版社，2016年出版。

这是恐怖小说之王斯蒂芬·金的人生回忆录。写作类的工具书很多，读多了你会发现它们大同小异。正如作者所说，你如果想成为作家，必须首先做到两件事：多读，多写。此外别无捷径。想学会写作，看工具书的作用不大，还是要动笔。这本书介绍了不少写作修炼的方法，比如"关门写作，开门改稿""用你想到的第一个词，生动即可"。看完我最大的收获是写作的心态放平了。卡壳的时候，我会想起斯蒂芬·金的内心独白，想想人家也卡过，卡在哪里，可能是什么问题。大方向把握准了，小细节靠长期磨炼。

推荐理由：学习写作除了读方案还应该读一本大师的心路历程书。

2.8 学会讲故事

为什么做内容要学会讲故事？

做个人品牌需要讲什么样的故事？

讲故事有哪些简单好用的方法？

故事比事实更容易让人记住，只有记住你，才可能选择你。

讲故事不难，套模板、带情绪、统一价值观。

人天生就喜欢听故事，这是刻在 DNA 里的本能。远古时代，大家围在火堆边讲故事。故事凝聚人心，把家族、部落、团结、复仇等虚无缥缈的概念变成比食物甚至生命更重要的追求。

做品牌就是讲故事。说起罗永浩，你想到的可能是"真还传"的故事，也可能是"星巴克中杯"的故事。故事比事实更容易让人记住。只有记住，才有选择的可能。

举例来说，我告诉你"做个人品牌很重要"，这是观点。我自己因为个人品牌获得了大量机会，这是事实。如果我和你说："10 多年前我入职的第一天，老板就被惊掉了下巴。公司的头号大客户居然叫我老师。"听到这里，你会不会很好奇，想继续听下去。然后我告诉你："原来客户恰巧是我在英语培训机构兼职时的学员。因为我有'老师'的个人品牌，我很快获得了客户的认可，也被老板看中并给予了更多机会。"

每当我讲完这个故事，客户都会一下子兴奋起来，开始和我讨论。

讲故事并不难，我们小时候就会讲故事，反倒是长大了只会干巴巴地讲 PPT。学会讲故事其实是找回本能的过程。有意识地训练用故事替代说理。无论销售、直播，还是内部讨论，你都要试着把观点和事实装进故事。

怎样讲好故事？

具体拆解为以下三个步骤（见图 2-8）。

图 2-8 讲好故事的三个步骤

一是套模板。

故事都有一定的方程式，王子爱上公主，杰克战胜巨人。这些模板从远古时代一直流传至今，如果不够吸引人，早就被遗忘了。所以理解模板，套用模板，你的故事会立刻精彩起来。下面我来推荐几套经典好用的故事模板。

个人品牌故事，用"英雄之旅"模板。这套模板源自《千面英雄》，是好莱坞编剧、硅谷大神们的最爱。

这套模板有启程、启蒙、归来三大部分，分成 12 个阶段。

例如：启程——因为偶然的事件开启历险，英雄刚开始是拒绝的，导师出现给予指引，令他觉醒并发现使命，踏出勇敢的一步。具体可以参考原书。

产品用户故事，用"SB7"（故事品牌框架）模板，源自《你的顾客需要一个好故事》。与英雄之旅不同，在这套模板中，用户是主角，你是向导，产品是神兵利器。

这套模板一共有 7 个要素：一个人物遭遇了一个问题，他遇到了一位向导，向导给他提供了一套方案，同时召唤他采取行动，帮助他避免失败，最终让他获得成功。

日常沟通故事，用"小说课"模板，源自许荣哲的《小说课》。这是最简单好用的故事模板，连句型都给你准备好了，直接造句就好：我有一个梦想，但是遥不可及。我努力追寻，但是失败了。因为一次意外，事件出现转机，我成功了。

其中有两次转折：第一次努力，没成功；第二次努力，因为意外成功了。

二是带情绪。

情绪是故事的佐料，如果你的故事乏味，一定是忘记放情绪了。情商高的人一般更会讲故事。情商高不是喜怒不形于色，也不是永远挂着微笑，而是懂得感知和表达情绪。有一个小诀窍，学会在故事中加入心理描写，情绪就出来了。常见句式："我当时……"比如，我当时特别尴尬/内疚/紧张。还可以加一些细节描写，比如"我手心全是汗""我能听到自己心跳的声音"。讲故事的人情绪越饱满，听故事的人代入感越深。

三是统一价值观。

有些人讲的故事中情节很多，观众听完之后心中疑惑：你到底想表达什么？比如，一个高管在开会时做分享，讲他从小山村出来考上名牌大学，进公司碰上了好领导，今年业务遇到巨大挑战，客户不理解时他耐心沟通，最后鼓励团队再接再厉。你会发现虽然全部是正向的价值观，但是不同的情节往不同的方向拉扯，无法让人形成统一的印象。记住，一个故事只讲一件事，体现一种价值观。多个故事在一起，为统一的价值观服务。

─── 访谈案例 ───

晓琳（化名）2017年大学毕业后如愿加入杭州某知名大厂从事运营工作。业余时间她喜欢在小红书发布笔记，做食品、化妆品的开箱视频。我认识她时，她已经做了2年的自媒体博主。2021年公司内部调整，她所在的部门需要优化人员。她主动提出离职，回了老家湖南。全职做自媒体就不能仅考虑流量和涨粉了，更重要的是如何变现来养活自己。由于已经有一些经验和粉丝积累，晓琳决定做自媒体培训。她仔细思考自己的背景有什么优势。在招生时，她分别用视频和图文讲述自己的故事，套用"一个普通女孩的10年"这个热门短视频模板，重点突出自己大厂运营的背景和在杭州电商圈子里的资源，一下子就和本地其他培训老师拉开了距离。招生效果很好，第一个月就招了100多人。后来她又开设了女性成长类课程，学员来自全国各地。我看到她最新创作的个人品牌故事，和一年前的版本相比有很大的不同。她讲了一个大城市的白领厌倦了看不到头的加班，回到老家一边做自媒体创业一边享受生活的故事。这个故事击中了很多一二线城市女性的内心，招生人数再次爆棚。我请晓琳分享个人品牌故事的写作诀窍。她说，人有很多角色和经历，选择和目标受众有共性的角色，讲述一个突破自我并拿到大家所向往结果的小故事就可以了。

—— 推荐好书 ——

《故事：材质·结构·风格和银幕剧作的原理》，罗伯特·麦基，天津人民出版社，2014 年出版。

如果你真心想讲好故事，愿意花时间潜心研究，我推荐你读这本《故事：材质·结构·风格和银幕剧作的原理》。它是全世界编剧的必读书，被无数作家、主持人、短视频博主推荐。如果说其他教你讲故事的书，把讲故事简化成套模板、玩游戏那么简单，这本书就类似于教你设计游戏。人物、情节、场景，每个部分展开后都是几百条具体的原理。作者自己说："原理指的是这种方式有效而且经过了时间的验证。"

推荐理由：看完之后你会感叹短视频的故事脚本都是编剧们"玩剩下的"。

2.9 降低门槛

如何做出爆款内容？

更新的频次重要还是质量重要？

怎样做到持续更新？

量变引起质变。

降低门槛，才有爆款。

做内容，大家都期待出爆款。

爆款是精雕细琢出来的吗？

研究人员做过实验，将大学生分为两组完成摄影任务。一组被告知主要考察作品数量，尽可能多拍；另一组被告知考察作品质量，最终提交一个作品。两组都被给予足够的时间。最终数量组不仅拍得多，在质量上也完胜。

很遗憾，爆款无法通过大量堆积时间雕琢出来，因为你根本不知道出爆款的诀窍是什么。耗费大量时间做出心中的理想结果，很可能无人问津。哪怕是有经验的高手也承认，爆款严重依赖概率，是水平提升后的自然结果。

我访谈过学霸传媒的创始人廖恒、干货帮的创始人肖邦德等好几位打造过多条千万级播放量爆款短视频的 MCN 机构负责人。

持续稳定地输出内容，不断复盘优化，是他们的核心思路。他们很少刻意花很长时间策划一条视频，除非这条视频很特殊。

怎样保证持续稳定地输出？

降低内容生产门槛是每个人都可以尝试的选择。你是否有过这样的经历？信心满满地花两三天写了一篇文章，或者拍了一条短视频，发表后反馈却不温不火。如此几次，你很快就提不起劲继续更新下去了。知识博主之所以大多选择对着镜头口播的形式，不是因为口播效果最好，而是因为最方便操作。拍摄 Vlog 可能效果更好，但三天才能产出一个，而口播视频一天可以录 10 多条。

我试过日更公众号，坚持不下来，于是改为日更朋友圈，写一小段所思所想，写起来不费劲，日积月累也收获了不少关注，还给短视频和写作贡献了丰富的素材。

降低内容生产门槛有哪些好用的方法（见图 2-9）？

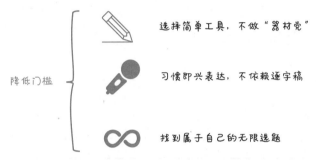

图 2-9　降低内容生产门槛的三个方法

一是选择简单工具，不做"器材党"。

工具只是锦上添花。有的人决定拍短视频后，做的第一件事就是去买了一堆昂贵的摄影器材。高清的画质无法掩盖内容的贫乏。我访谈过的那些厉害的短视频博主，他们都建议新人放弃使用单反相机，就用手机，可以随时随地拿起来录制内容。不够精美的画质更能检验内容本身的吸引力。

同理，教写作的老师也会告诉学员，如果写一篇长文章还有困难，可以选择写片段。如果动笔都有困难，可以从语音转文字开始，怎么简单怎么来。因为简单，所以没有畏难情绪，愿意一直输出，能看到自己的进步。

二是习惯即兴表达，不依赖逐字稿。

以短视频为例。与背稿子相比，酣畅淋漓的即兴表达更容易感染观众。可能有人说即兴表达要求更高，似乎提高了门槛。对此，短视频内容专家给出了截然不同的回答。每个人在谈论自己熟悉且擅长的事物时，都能给出精彩的表达，将其删繁就简，调整顺序后，就是一篇不错的内容。前期因为不太习惯，精彩的部分比较少，可能需要多花一点时间筛选。等适应了即兴表达的方式后，面对任何话题，只要列好提纲，即刻对着镜头输出，就能一气呵成。无论居家办公，还是出门旅游，都能持续更新内容。

三是找到属于自己的无限选题。

做内容最头疼的事情莫过于选题枯竭，抓耳挠腮不知道要讨论什么选题。有经验的内容创作者会想方设法地给自己找一个无限选题。比如，每天分享一本书，每天讲解时下热点商业事件。知识点是有限的，但案例是无穷的。无限的案例选题可以用同一套叙述模板。比如第一句找出案例中的话题点，第二句交代背景，然后依次展开。这套模板经过无数次的打磨优化、反馈验证，效果远胜于新模板。无限选题还有一个显而易见的好处——节约时间，从而可以花更多时间来找精彩案例。

訪谈案例

　　廖恒原本是一名记者，2017 年年底，抱着对新媒体天然的好奇心，他开始做抖音账号。新闻行业出身的他，在别人还在研究拍摄技巧时，就已经用栏目化的方式来策划内容。2018 年，他做了"有料先生带你看美好中国"系列短视频，1 年的时间，粉丝就突破了 100 万。2019 年年底，他发现学霸类账号的市场，最开始做清北学霸类型的账号，好的时候一条视频能涨粉 50 多万，到如今，他的公司已经孵化数十位学霸、名校学生以及名师等知识类达人。廖恒会要求公司的达人能做到随时随地自然拍摄，不需要写出具体脚本，只需要提前准备好视频的核心要点以及结构。他认为，知识类达人已经是自己领域的专家，输出内容必须达到张口就来的程度，这种自然感、可信感以及感染力，是对着脚本来拍摄永远无法比拟的。这套方法让他做的账号从抖音一直火到视频号，当别人只能卖百元左右的课程时，他孵化的账号可以直接卖几千元的课程产品。

—— 推荐好书 ——

《极简学习法》，廖恒，北京联合出版公司，2022 年出版。

为什么要推荐一本讲学习方法的书？这本书的底层思想和做内容的方法异曲同工，事实上作者廖恒就是用同样的思维模型做出了多个清北学霸大 V 账号，同时写出这本超级畅销书（2022 年前三个季度非虚构类新书榜第一）。在我心中，越是靠近本质的方法论越具备可迁移性。什么是极简？不写稿子直接用一部手机拍，就是极简。掌握了正确的方法，极简代表高效率、高成长。书中提到极简学习法有三步：精准输入，深度消化，多元输出。以精准输入为例，倒推思维，用什么学什么。做短视频学剪辑，只需要用到配字幕，那就只学配字幕，其他暂时放一放，把精力花在内容本身上。降低门槛，减少动作，把时间和精力聚集到一个关键点，持续更新和观察。一本教孩子学习的书，可能让你在做内容上捅破那层迷茫的窗户纸。起码我是如此。

推荐理由：无论学习还是内容创作，有效的底层方法都是如此相似而简单！

2.10　纪录片思维

做内容要学会演戏吗？

要不要研究各个平台的算法？

怎样获得观众缘？

算法的终极形态是模拟人。

观众看惯了"演"，现在要看"真"。

没有什么比纪录片更真实，学会展示你刚好知道的内容。

不要去研究算法，算法是会骗人的。自从有了算法，创作者开始忘记观众，转而去研究冷冰冰的机器到底喜欢什么。明明想讲对用户有帮助的内容，算法却告诉你用户更喜欢听段子。在你尝到算法的甜头后，你会不断地按照算法的指引做内容，并开始一门心思钻研算法变化的规律，慢慢地忘记用户。回过头来才发现，自己涨了一堆看热闹的泛粉丝。这样既不能变现，也没法建立专业影响力。

有的时候，算法还会骗人，好的内容不一定马上有好的数据。算法有延迟，它也需要知道把内容推荐给谁。只有等标签贴精准后，算法才能识别出内容的好坏。这一小段延迟的时间，让不明真相的人不断变换内容方向。

事实上，你完全不需要去琢磨算法。算法的终极形态是像人。你在琢磨算法，平台工程师在琢磨让算法像人，你为什么不直接琢磨人？想一想人到底喜欢什么内容，面对挑剔的观众，应该以什么样的思路创作内容。

如果你没有强大的内容制作班底，拍不出精彩的大片，我强烈建议你研究纪录片的内容创作思路。

观众看惯了"演"，现在想要看"真"。没有什么比纪录片更真实。比如，你想向观众传达"时光易逝，活在当下"，无论用怎样的文字描述、剧情表演，这个宏大的主题总是显得流于表面。你不妨给观众播一段《人生七年》的纪录片。导演从 1964 年开始，选择了不同阶层的孩子，每隔 7 年记录一次 14 位主人公的人生变化，从 7 岁一直到 63 岁，倾听他们的梦想，畅谈他们的生活。单单从画面中见证容颜的老去，就能给观众带来极大的震撼。这就是真实的力量。

用纪录片的思维创作内容，向观众呈现人生旅途中那些你刚好知道的东西、你真实经历的变化，学会这种展示自己刚好知道的艺术。高端的食材，往往只需要最简单的烹饪方法。用纪录片思维创作内容，选择谈话即可。谈话是古老而简洁的内容创作形式。你喜欢写作，可以用对话体；你选择拍短视频，可以用访谈的形式。

具体怎样用纪录片思维创作精彩的内容呢？

准备 100 个核心问题来制作三张地图（见图 2-10）。

人物地图　　　　产品地图　　　　用户地图

图 2-10　创作精彩内容的三张地图

第一张，人物地图。

从出生到现在，把所有重要的人生经历都写在一根时间轴上。你是谁？你从哪里来？要到何处去？你经历过哪些至暗时刻，又享受过哪些高光瞬间？谁让你深夜痛哭，谁让你久久难忘？

为了讲好人物故事，你需要掌握一些固定的谈话问题。

为什么这么做？后来为什么不做了？这件事给你带来了哪些改变？你后悔吗？如果重来一次，你会如何选择？

每个人都有自己成功的地方，每个行业都有自己的小宇宙。从自己走过的路上找到原点，以这个原点为起始延伸出人生长河中的精彩瞬间。人物地图可以录制很多年。你总能不断找到故事来讲述，讲述的过程中，新的故事又在不断上演。

讲故事的目的不是彰显自己有多厉害，而是展示人物的性格和改变。

没有经验的人可能一上来就试图列举自己光鲜的履历，不断向每一个人诉说自己的丰功伟绩。有经验的人知道真正能吸引观众停留并共情的是那些人生的艰苦和内心的无助。只有一面的人物不可能真实，有血有肉、有迷茫、有悔恨，才有可能在黑暗中找到自身的光芒。所以不要用盔甲把自己包裹得严严实实，请大胆展示温暖、真诚、脆弱的一面。

为了让人物更清晰，你可以选择 5 到 10 个核心性格特质标签。围绕标签甄选故事，观众能够从丰富的故事中看到人物清晰、鲜明的性格特点。

第二张，产品地图。

不要害怕暴露商业意图，一开始就大大方方地告诉观众你的产品和职业，比遮遮掩掩欲说还休要好得多。你有自己的产品，有自己热爱的专业，为什么不好意思说呢？抱着看热闹想法的观众自然会离开，留下来的都是精准用户。

在行业里摸爬滚打久了，自然有一些无法复制的经验和经历能让你与众不同。学会总结提炼，学会类比举例，用生动的方法展示大家感兴趣但接触不到的行业内幕。去伪存真地找到本行业真实的东西，通过内容让你比同行显得更专业、更值得信赖。让大家对你的工作产生好奇，拿出自己从业多年练就的专业能力来换取用户对你的信任。

产品地图很重要，说一千道一万，最终还是要回到产品上。你为什么要做这个产品？你的初心是什么？你发现了用户的哪些问题？你怎样精益求精地打磨产品？行业里有哪些乱象？如何辨别这些乱象？

想想看，当一个观众觉得你既专业又正直，既亲切又有趣时，遇到相关的问题，会不会自然想到找你咨询？

第三张，用户地图。

每个人真正最关注的还是自己，因此你需要为用户地图创作最多的内容，把用户的所有痛点精准呈现。比如你的目标用户是 25 到 35 岁的年轻宝妈。育儿的辛苦、职场和家庭生活的不易、老公有多么不靠谱，讨论这些话题让你和你的用户打成一片，通过观察她们来聆听她们的心声。试着把这些痛点话题放进"纪录片"里，讲述你与用户发生的故事。记住，用户才是"纪录片"的焦点，你只是线索人物，要甘心做好配角。用户的故事是说不完的，需要反复讲、从各个角度不断讲。最终勤劳的算法能够帮你不断地介绍精准用户。他们能从你的故事中看到自己，也会像故事的主人公一样过来找你。

──┤访谈案例├──

　　老张是一名短视频创作者，他用纪录片的拍摄手法孵化了数个月销售额过千万的电商老板账号。老张毕业之后去了广告行业，业余时间对纪录片产生了浓厚的兴趣，他反复琢磨一部 2 小时的纪录片为什么要拍几千小时的素材，怎样在真实的环境中捕捉人物的光芒。后来他和太太做了一个美妆类的电商账号，最开始在淘宝直播，后来转战到抖音，因为抖音上的短视频大部分采用娱乐化的表达方式，而直播圈的竞争异常残酷，做主播的太太身体、心理都在崩溃的边缘。有一天他突然看到抖音的口号，记录美好生活，心想这不就是纪录片吗？于是开始用纪录片的跟拍、抓拍、访谈等形式创作短视频。短视频中出现的所有内容都是真实场景，比如去档口拿货、与老板讨价还价，连成本价是多少都会拍进去。老张说，他从来不开美颜功能，就为了让人物在镜头前真实地暴露他们的疲惫、无奈、喜怒哀乐。他还说，"普通人不是专业演员，你没法演，只有呈现真实的一面才能打动观众。"他孵化的一位女装老板思思的账号中，有一条 5.1 万人点赞的视频。视频中，主人公思思坐在小区楼下的马路边，讲述自己 16 岁出来打工的故事，讲到一半有熟人路过，她停下来开始和熟人聊天。就是这样看似随意的内容，吸引了 2600 多人评论。老张自己把这套方法总结为"刚好知道的艺术"：向观众呈现，在人生旅途中你刚好知道的东西。

──┤推荐好书├──

《十三邀：我们时代的头脑与心灵》，许知远，广西师范大学出版社，2020 年出版。

　　为什么要推荐一套电视访谈节目的整理稿？纪录片的呈现思路虽然高明，但有一个普通人很难掌握的诀窍——在短时间内抓住人物的故事性。真正的纪录片拍摄需要浓缩几百甚至上千小时的内容，显然我们难以做到。那主持人就必须在30分钟左右的时间内，找到场景、人物，通过提问和引导，让嘉宾自然而然地展示精彩的一面。在这一点上，许知远经验丰富。在十三邀的节目中，许知远需要挖掘大家熟悉的人物身上有新鲜感且能打动观众的故事。有时候他需要装傻，有时候他又需要特意站在嘉宾的对立面。如何挖掘话题线索、如何巧妙地提问，书比节目更加直观。反复琢磨，慢慢体会。

　　推荐理由：书比电视节目更容易通过对比，看懂主持人提问的线索。

2.11 一鱼多吃

如何兼顾多种内容形式？

如何高效地生产内容？

怎样让一次内容创作产生多次效果？

学会一鱼多吃，让一次思考产生多种内容。

利用好内容副产品。

我很喜欢的商业启蒙书《重来》，其实是作者创业过程中在团队内部分享的副产品，没想到它成了一本畅销书。书中专门有一节叫作"卖掉副产品"。

当你创作内容时，总会产生过程草稿。把过程草稿整理、加工成其他内容形态的模式，我们形象地称之为"一鱼多吃"。例如，你受邀做一次直播分享，花了2天撰写了1万多字的干货内容。你不妨再将内容整理成2篇公众号文章，以及10篇短视频文案。这么做除了提高内容利用率，还能让我们利用多种媒介形态反复咀嚼内容，对内容产生更深层次的理解。与此同时，一鱼多吃能帮助我们养成积累素材的习惯，相当于建立了一个素材库。下次创作时，可以随时调用素材。

具体如何操作呢（见图2-11）？

① 做好读书笔记、学习分享　③ 同一个选题，加工成不同内容形式

② 做好工作复盘，录制现场素材

图 2-11　"一鱼多吃"的方法

一是做好读书笔记、学习分享。

在一开始就定好目标，每看完一本书都要输出读书笔记，每学完一门课程都要写学习分享。质量上不做要求，哪怕是朋友圈的一段文字也行。

从结果倒推，以终为始地看，朋友圈经常需要更新内容，小红书读书笔记的涨粉效果不错。既然本来就需要这类内容，在日常学习中多花半小时，趁着记忆鲜活，顺手把内容整理好不失为明智的选择。这样做既节约时间，也让思路更加连贯。

读书笔记建议做成图片的形式，有专门的模板，可以在小红书上搜索"读书笔记"获得。在模板的帮助下，每一次只需要把图片和文字填进去，就能生成清晰美观的笔记。我自己实践，整理约 15 分钟，誊写 10 分钟，加起来不到半小时就完成了。

二是做好工作复盘，录制现场素材。

无论开发课程还是制作短视频都需要素材。素材从哪里来？从积累中来，日常积累很重要。建一个专门的文件夹，按照工作模块分类，记录工作中的尝试、思考和结果。当时遇到了什么问题？我的假设是什么？我的解决方案是什么？结果怎样？我是如何分析、思考的？

你遇到的问题，你的学员和客户也可能会遇到。在你水平提升后，你很可能忘记作为新手时的思维定式。我遇到过有些老师，学生问他："为什么要这样做？"他说："这是经验和直觉，没法解释。"这样显然教不好学生，也服务不好客户。

养成持续记录工作并复盘的习惯。回首来时路，重拾不同阶段遇到的问题。把问题和解决方案整理好，它就是一份不错的内容产品。

三是同一个选题，加工成不同内容形式。

思考最耗时间。然而大部分人一次思考只形成一次内容，实在是浪费。我们要充分发挥节约精神，把内容的利用率提到最高。

举例来说，我今天看了一条热点新闻，有感而发，发了一条朋友圈。仔细想想，又有了选题灵感，于是写了一篇 2000 字的公众号文章。公众号文章中有几个观点不错，拿出来，改写成短视频脚本。短视频内容引起了不少讨论，阅读评论了解大家的关注点，在下一次直播中以此为话题展开。直播之后，总结复盘，发到社群里供大家学习，再做出笔记发布到小红书，做成干货去别人的社群分享。后续内容还可以提炼为课程知识点，或书的某一章节。

只要你愿意思考，同一个选题就能加工成无数内容。

这么做的好处在哪里？首先是节约时间，假设思考内容和制作内容的时间各占一半，用同一个选题每做一次新的内容形式就节约了一半时间。其次，在多次加工的过程中，你的思考不断深入，反馈也越发充分，内容质量也会越来越好。

为了写好这本书，我需要访谈调研很多人。学会直播之后，我把访谈工作搬到了直播间，做了一档主题栏目叫作"个体学派"，每期邀请一位嘉宾，听他们分享自己如何从一个普通人成长为年入百万的超级个体。直播结束后，我把回放剪辑出来，整理成文字稿，每一次都足足有 2 万字。我再对文字稿进行总结归纳，标注重点。我又用视频回放和文字稿，做成了一个畅销课程产品。当然，最终对比各家的经历和心得，我提炼出 5 项修炼、49 个打法，写成了一本书。所以我也是把一鱼多吃精神发挥到极致的代表。

推荐好书

《得到品控手册》，得到 App，新星出版社，2021 年出版。

从严格意义上讲，这不是一本书，是得到每年定期更新的知识产品创作方法总结。这本书妙就妙在对不同人能起到不同的作用。对内部，提供工作标准；对外部的合作老师，方便他们熟悉产品和服务的标准；对用户，展示专业水平，强化品牌认知；对行业，建立高标准，限制恶意竞争对手的想象力；对监管者，让他们了解得到有极其严格的自查标准，增添信任。还有对社会、对投资人等不再一一列举。把内部工作流程和方法沉淀下来，居然能解决如此多的问题，真是把一鱼多吃精神发挥到极致的典型。

推荐理由：体会一下一本内部工作手册如何起到诸多作用。

03

持续经营的韧性和动力

朝着正确的方向持续发力，日复一日推动巨石。

3.1 推石模型

如何实现梦想？

如何获得强大的行动力？

如何经营好自己的工作和生活？

一个人事业的高度，往往取决于其人生哲学的高度。

在日复一日的枯燥中乐此不疲是通往成功的能力。

依赖毅力很难，依赖习惯很简单。

套用一句扎心的金句："以大多数人的努力程度之低，根本轮不到去拼天赋。"

商业思维再好，如果没有行动，也不过是镜花水月、梦幻泡影。

当你下决心做一番自己的事业时，你的脑海中可能会浮现很多问题：能不能挣到钱？有没有风险？需要哪些资源和能力？但往往会遗漏一项：我能够按照我想的那样去做吗？明明知道什么是正确的事情，但忍不住要做错误的事情。

明明要写方案，偏偏刷了一晚上抖音；明明说要聚焦大事，但朋友介绍的挣钱小活为什么不接呢？人们对自己太自信了，总认为阻碍梦想的是客观条件，其实在任何方向上持续努力 10 年，就能把 90% 的同行远远地甩在身后。

这也是为什么在访谈超级个体的过程中，我时常感到惭愧。很多厉害的人，没有接受过系统的商业训练，靠着内心的执着，拿到了比我好得多的结果。除了做好变现和品牌，真正区别普通人和超级个体的是"心力"。具体来说，经营好自己，解决内驱力和行动力的问题。

毕竟，在人生这场大剧中，积极充当主角、积极书写剧本的人，与尚未觉醒个体意识、懒散混日子的人之间，会产生巨大的差距。

一个人事业的高度，往往取决于其人生哲学的高度。

我访谈的对象，大多在 30 到 45 岁之间，他们从没有直接提到过人生哲学，在这个年纪更多体悟的是实实在在的做法。"做法"在 10 多年的时间轴上延展就成了"活法"。比如，有人坚持每天写日志复盘，从 20 多岁参加工作，记录到快 40 岁成名成家。他把处理问题的能力训练得异常强大，一天四五拨人找他，他也很快就能提供解决方案，还有时间写作。

怎样实现梦想？稻盛和夫给过这样的成功方程式。

$$人生的结果 = 能力 \times 热情 \times 思维方式$$

能力代表做事的才能，本书其他章节都在讲能力，包括做生意的能力、做品牌的能力、学习的能力、决策的能力。热情指干劲、努力程度。思维方式指人准备以怎样的精神状态投入工作，是积极的还是消极的，可以从负 100 到正 100 对其打分。

如果非要用一个模型来描述，你可以想象成西西弗斯在山坡上推石头。

每天都要推，周而复始，在外人看来是折磨，对当事人来说是生活。

朝着正确的方向持续发力，在日复一日的枯燥中乐此不疲。

工作与生活中处理哪一件难事，不是在推石头呢？如果不能接受过程，那就是无止境的折磨。

推石模型的提法听起来有点像空洞的"心灵鸡汤"是不是？你可能会说，道理我都懂，怎么做到呢？

我们来拆解一下。

$$好的结果 = 正确的方向 \times 持续发力$$

听起来像初中物理。如何推箱子？画个受力分析向量图，沿着运动的方向发力，效果最好（见图 3-1）。

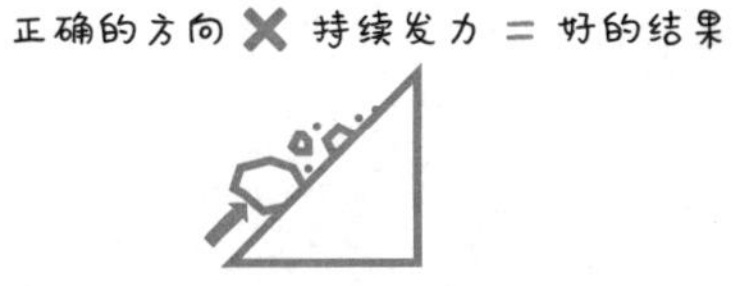

正确的方向 ✖ 持续发力 = 好的结果

图 3-1 推石模型

如何找到正确的方向？

正确的方向 = 简单的道理 + 长期主义

稻盛和夫说过一段话，让我有种恍然大悟的感觉。他说："正确的准则很简单，就像幼儿园的老师教小孩子的道理，比如正直、感恩、勤奋、坚强、努力、利他等人世间那些美好的品质。连小孩都知道应该做的事，你更应该坚持去做。"

你可以做一个测试，如果你觉得某个道理你愿意发在朋友圈里，让所有人都知道你坚信并践行它，这就是正确的道理。所以要不要刷数据、要不要给不满意的消费者退费，这些问题的答案不言自明。

长期主义，意味着要稍微有一点耐心。短期可能只有反馈，没有结果。比如，你只会看到自己越来越专业，但不一定能马上挣到很多钱。你需要靠量变引起质变。不用担心，你要笃信沿着正确的方向努力一定会有好的结果。哪怕是小小的进步，也能让你知道你走在正确的路上，让你有动力做下去。如果一点反馈都没有或有很多负反馈，你就需要重新思考路径的选择是否正确。

如何持续发力？

简单来说，短期靠意志，长期靠习惯。人们倾向于高估某个决定性时刻的重要性，而低估每天微小改进的价值。

一旦把关注点从意志力转移到习惯，努力这件事也随之从鸡汤变成科学。

习惯养成确实已经有一整套科学的方法。

比如，良好的感受会刺激大脑产生名为多巴胺的神经递质，它控制着大脑的"奖励系统"，帮助我们记住那些可以产生良好感受的行为，这样我们就会继续去执行那些行为。在多巴胺的帮助下，大脑会对因果关系编码，进而产生对未来的期望。

我们可以像经验丰富的驯兽师，按照脑科学原理，驯服心中的巨象；按照良好的习惯做动作，直至动作成自然，毫不费劲就能完成。

这才是真正可靠的持续发力。

—— 访谈案例 ——

　　王润宇是视频号的知名创业账号"润宇创业笔记"的主理人。王润宇毕业于浙江大学竺可桢学院创业班，可谓科班出身。他很早就开始创业，开过游戏公司、在线教育公司。2020 年 7 月，他从幕后走到台前，开始做个人 IP。刚开始他完全摸不着门道，不知道怎么做定位，怎么做内容。他决定给自己找一个刻意练习的目标：一天发 5 条朋友圈动态。

　　朋友圈动态的内容涉及生活、工作、观点认知、学习精进，通过点赞和评论检测内容的质量和用户的关注度。从一天发 5 条朋友圈动态开始，王润宇陆续开启了视频号短视频、直播、公众号、社群、私信等一系列密集的内容更新和创作。

　　一年之后，已经成为视频号头部知识 IP 的他，回顾日更朋友圈带来的变化，视频号关注人数从 2000 人涨到 4.8 万人，"润宇创业笔记"从没有搜索量，到有 30 万 ~100 万的搜索热度。他说，内容的最简单形式就是写一段百来字的文字，配上一张图。从这个动作练起，练 100 遍，朋友圈就是个人品牌的起点。

—— 推荐好书 ——

　　《斗魂：稻盛和夫的成功热情》，稻盛和夫，人民邮电出版社，2021 年出版。

　　2022 年 8 月，稻盛和夫去世了。他的一生充满传奇，创建了两家世界 500 强企业，却在退休时把个人股份全部捐献给员工，自己皈依佛门。他把商业经营上升到人生哲学。他一生写了 20 多部著作，流传最广的是《活法》。这本《斗魂：稻盛和夫的成功热情》更适合在内卷中渴望改变命运的职场人阅读。整本书很薄，以问答体的形式创作而成，主要讲一件事——人怎样才能成功。他给出的方式你一定也听过：能力、热情、思维方式。但奇怪的是，听他讲一遍之后，大道至简，事实的确如此。你信了，信了就好办了，剩下的路自己去摸索吧。

　　推荐理由：有些道理只能由稻盛和夫讲，你才听得进去。

3.2　靠习惯不靠毅力

如何养成好习惯？

如何戒除坏习惯？

如何用习惯帮自己达成目标？

想法产生行动，行动养成习惯，习惯改变性格，性格决定命运。

在多巴胺层面调节自我。

改变习惯的三个关键因素：环境、重复和奖励。

你是否有这样的经历？

下定决心为了目标每天打卡，坚持不到三天就放弃了；说好早睡早起，深夜刷短视频停不下来；年初制订的计划，到年底一项都没有完成。你常常悔恨、自责，恨自己意志力不够，好的商业机会因为执行力不够没法落地。

如果你了解人类大脑的工作原理，就很容易接受以上行为，它们都是正常现象。**要想改变，第一步就是停止自责，接受事实**。每个人都这样，好逸恶劳是刻在人 DNA 里的天性。鉴于此，只有极少数人可以依靠毅力获得超凡的行动力。对绝大多数普通人来说，更行之有效的做法是改变习惯。

放眼望去，按照行动力的高低，人们不知不觉地采用了不同的行动力驱动模式。绝大多数人用激励自己的模式来驱动行为，俗称"打鸡血"，但往往会陷入自控力不足、毅力不够的虎头蛇尾状态，进而对自己失去信心。而另一批人通过学习，掌握了习惯的秘密，能够不依赖毅力轻松获得源源不断的动力。脑科学的进步，让我们意识到生活中有近一半的动作其实是由无意识的自我掌管的，更像处于**自动驾驶**的状态。我们有意识的自我其实只觉察到其中很小的一部分。

那么如何通过科学的方法养成良好的习惯？

我综合梳理出三条实现路径（见图3–2）。

环境　　　　　　　　重复　　　　　　　　奖励

减少环境中的诱惑　　身份来自行为的重复　　用奖励强化行为

图3–2　习惯养成的方法

一是环境。

习惯是环境的产物。大多数人认为自控力强的人能够抵制诱惑。有研究显示，自控力强的人与自控力弱的人在抵制诱惑上没有什么不同，只不过前者更少置身于充满诱惑的环境中。

也就是说，不需要自控是最好的自控。外部环境会不断给大脑提示。只要提示一出现，大脑就会自动让你做出相应的行为。**通过改变环境，减少环境中的诱惑，不断让好习惯的提示显而易见，让坏习惯的提示无影无踪。**

比如，你希望每天睡前读半小时书，而不是刷半小时手机。通过一个简单的动作就能达成，不信你可以试试：把手机放到卧室外面，把书放到床头。真的就这么简单。

此外，降低好习惯的难度，提高坏习惯的难度，同样十分有效。

比如，如果你忍不住打游戏、刷剧，就把手机和电脑里所有娱乐软件都卸载，拿一部有点卡的旧手机专门用作娱乐。把最近要研究的文件，打印出来，放在桌边，没事你会忍不住翻一翻。加入一个学习社群，时不时看看别人的进步和方法来激励自己。

当你想要改变一个坏习惯时，不要想着去压制它。改变坏习惯的黄金法则是替换，给它寻找一个好习惯作为替代品。比如，工作间隙可以用去茶水间和同事交流替代抽烟的习惯。

二是重复。

让你长期保持习惯的唯一原因是它已经与你的身份融为一体，而你的身份来自行为的重复。

每天花两小时创作短视频，你的行为证明自己是一个短视频博主。

每天坚持发朋友圈分享个人动态，你的行为证明自己是用心经营个人品牌的人。

你对一个身份拥有的证据越多，你就越容易坚信这个身份。

告诉自己，每次选择行为都是在给自己的身份和角色投票。重复行为，多投几票给自己想成为的人。

怎样重复行为？有一个简单的办法叫"行为叠加"，把你希望养成的新习惯插入老习惯，使其成为一个连贯的动作。

比如，你希望养成一个新习惯：每天复盘昨天的工作，看看如何改进。你发现自己有一个老习惯：开始工作前倒一杯水。于是你可以把两个习惯关联起来，倒好水马上花 15 分钟复盘。做了几次之后，习惯就自然而然地养成了。

三是奖励。

每次做出期待的行为之后，一定要给正反馈，也就是用奖励强化行为。

奖励分为两种：自然奖励、规则奖励。

自然奖励是完成行为的过程中自然获得的愉悦感。比如，你感觉写作很费劲，可以去换一块手感不错、敲击声音悦耳的机械键盘。每次打字，都能在生理上给你带来愉悦感。这样你就更容易养成长期写作的习惯。

规则奖励是人为设计的，你可以在完成行为后给予自己特定的奖励来强化正反馈。

比如，在你完成一天的工作后，奖励自己一顿美食；当你达成某个目标时，给自己买一个礼物。

所以，我们要想办法给行为创造奖励，让行为本身富有乐趣。即使是让人望而却步的困难任务，在即时反馈的小小激励与不断刺激下，也能让人产生成就感，让畏难情绪变成追求挑战的好胜心。

————| 典型案例 |

　　华杉是华与华营销咨询的创始人，也是著名财经及史哲作家。华杉老师多年笔耕不辍，出版了《华杉讲透〈孙子兵法〉》《华杉讲透〈资治通鉴〉》等一系列作品。打开华杉老师日常更新内容的简书平台，你会发现他每天早上更新内容，到 2022 年 11 月已经更新 2500 多篇文章，总计超过 500 万字。华杉老师说："我每天早上 5:00 起床，5:00 到 7:00 是我的写作时间。7:00 吃早餐，7:30 出门，去公司上班。早起必然早睡，我晚上不出门，晚上 9:30 就睡觉。有人说太早睡不着，这不存在，你先早起，接下来自然就要早睡，当跟别人有时差就是了。等飞机多久对我而言都不是问题，走到哪里都是书房，都可以完成我今天的写作。"[1]

————| 推荐好书 |

　　《习惯心理学：如何实现持久的积极改变》，温迪·伍德，机械工业出版社，2021 年出版。

　　这是一本有深厚心理学研究支撑的习惯养成指南。作者是美国南加州大学心理学教授，研究习惯 30 多年。书中有两个核心观点。第一个是"自动驾驶"，即人们平时处理重复事物依赖无意识的习惯性自我，长期改变的关键不是靠意志，而是改变"自动驾驶"的习惯。也就是说，自律的人并不知道他在自律。第二个是习惯养成的三要素：环境、重复和奖励。书中有大量案例和实验，从脑科学和心理学的角度指导习惯的养成，并给出了具体可行的操作思路。我自己试过，实证有效。

　　推荐理由：一本非常好上手的习惯养成自助书，看完它再看其他同类书籍能有更好的理解。

———————————————————————————

[1]　华杉 . 华杉读书方法论 [EB/OL] . (2022-11-08) [2023-03-16] .

3.3 忘记目标，专注体系

定好的目标经常无法实现怎么办？

如何更轻松地实现目标？

如何通过优化体系达成目标？

不求拔高你的目标，但求落实你的体系。

人们普遍认为实现梦想的方法是，首先设定切实可行的目标；其次将其拆解成小目标，规划实现方法和路径；最后持续不断地努力，最终达成目标。

如果我们都认同这套方法，不妨回忆一下，我们按照这套方法去做，最终达成目标了吗？如果没有达成，问题出在哪里呢？

为了理解这个问题，我们不妨看一个具体的例子。假设，你的目标是今年收入 100 万元，分解到每个月大约需要赚 10 万元。进一步拆解实现的路径，其中 5 万元借助自媒体销售课程，5 万元借助社群推广产品。这个过程中需要经营好抖音账号、视频号和社群。于是你定下计划，每个月更新 30 个短视频，用 3 个月获取 1 万名粉丝。然而事与愿违，接下来 3 个月，无论更新视频还是获取粉丝，都达不到预期。你反复思考为什么没法达成目标？是路径设置有问题，还是努力程度不够？

其实都不是。目标模式最大的问题是经不起干扰。想来也是，目标设定得再好，也是从静态的理想状态出发。在实施过程中会不断出现突发的意外情况。理想状态就像用扑克牌搭建的纸牌屋，外界稍微干扰就将面临坍塌。而且更要命的是，人类习惯性地高估自己，大大小小的目标经常没法实现。一旦实现不了，人的情绪和思维就会受到影响，从而进一步干扰计划，让目标显得愈发难以完成。

你可能怀疑自己："老是没法实现我定的目标，看来我真是不够努力啊，可能我一辈子就这样了吧。"

在自我怀疑成为习惯后，你不再把目标当回事，行为也随即变形，你失去了实现目标的可能性。

当然也有人会说，自己设置的目标合理，经常能完成任务。这是我们会面临的新问题，即目标达成后的空虚。

你有过这样的体验吗？好不容易完成目标，第一反应是狂喜，接着有点迷茫。"好不容易完成了，要给自己放松一下。""目标实现了，却有点空虚，干什么都没意思。"如果一个大目标被拆解成很多小目标，无论每个小目标完成与否，我们的情绪都将经历波动，一会儿失望焦虑，一会儿放纵狂喜。如此这般，来回拉扯，我们有限的动力在消耗中损失殆尽，很容易陷入看似忙碌，实则低效的状态。

与目标体系不同，习惯体系是一个平稳连续的过程。

比如，你的目标还是今年挣 100 万元，你不用拆解每个月挣多少钱。你用心设计和规划产品体系、内容创作体系、社群运营体系，甚至包括精力管理体系等和收入没有直接关系的体系。然后每天都按照体系完成相应的动作，并找到体系中可以优化的地方，争取比昨天做得更好一点、顺一点。如果你遇到意外情况，也不用担心，由于每天的体系是重复的，完全不需要反复制订新的计划，只需要在忙完之后回到原有体系，即可恢复平衡状态。

有句话说得好："像创业一样上班，像上班一样创业。"前一句说的是主动性，我们重点看后一句。"像上班一样创业"，说的是每天按照体系按部就班地完成规划好的工作，不急不躁，不知不觉目标就达成了。

美国知名漫画家斯科特曾向他的未婚妻解释，写博客似乎让他的工作量增加了一倍，而因此增加的 5% 的收入并没有对生活产生任何实质性的影响。这项工作看起来很愚蠢，似乎是在浪费时间，但写作是一种需要实践的技巧，因此他所创建的体系中第一部分内容就是培养自己经常练习写作的习惯。最终，目标并不明确的斯科特凭借日复一日的写作体系成了全美最著名的漫画家之一。

如何通过构建体系帮助自己实现目标（见图 3-3）？

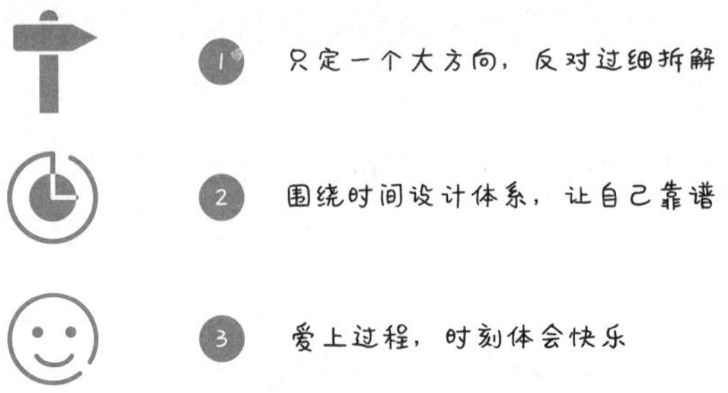

1　只定一个大方向，反对过细拆解

2　围绕时间设计体系，让自己靠谱

3　爱上过程，时刻体会快乐

图 3-3　构建体系实现目标的方法

一是只定一个大方向，反对过细拆解。

比如，你希望通过经营社群实现年入百万。你需要打造社群价值体系、社群运营体系、货源体系、新用户引流体系、老用户转介绍体系。再来具体看每个体系需要做哪些事情以及事情的先后顺序，像盖房子一样，随着时间的推移把体系搭建好。搭建好之后，把它们运营起来，看看有哪些可以优化的地方。

二是围绕时间设计体系，让自己靠谱。

"靠谱"是商业社会对人的最高赞誉之一。什么叫"靠谱"？保持稳定输出就是靠谱。体系设计的诀窍是围绕时间来设计，不用计较今天有没有结果，只需要在乎今天在制定的时间内有没有全情投入。

能否拿到结果和很多因素有关，比如问题的困难程度、外部环境、解题思路，而努力只是其中的一项。如果今天拿不到结果，就将其视为失败，那你每天的情绪都会剧烈波动。内心有波澜，动作就会变形，就不会变得靠谱。你会想走捷径、犹豫要不要放弃，反正杂念丛生。

只要围绕时间来设计体系，你就不会被杂念干扰，按时且保质保量，用心去做就好。日日、月月、年年如此，滴水石穿，回头看进步神速，硕果累累。

三是爱上过程，时刻体会快乐。

任何目标都隐含这样的假想："一旦我实现了那个目标，我就会很快乐。"所以大部分时间我们是不快乐的，我们一直在延迟享受快乐，总是寄希望于下一个快乐里程碑的建成。

如果过程本来就能产生快乐呢？当你爱上过程而不是结果时，你就不必等待最终享受快乐的短暂时刻。只要你的体系在运行，每时每刻你都能从充实平静中享受做自己所热爱事情的快乐。

—— 访谈案例 ——

　　剑飞是一位效率达人，他的专业领域是效率写作和时间记录。剑飞原本是一名数据分析师，一直都对如何记录、整理笔记和高效利用时间有浓厚的兴趣。2013 年左右，他开始一边工作一边利用业余时间研究提高写作水平和管理时间的方法。接下来 5 年多的时间，剑飞以自己为训练者，坚持语音写作，写了差不多 1000 万字。他偶尔会做一些分享，随着时间的推移，陆续有朋友付费学习。在此期间，剑飞并没有明确的商业目标，他把更多的热情放在方法实践和优化上。

　　直到 2018 年，越来越多的人慕名而来，剑飞正式辞职创业，专注于做语写（语音写作）方面的专业服务。到 2022 年，剑飞的语写年度服务费从最初的几千元涨到了 12 万元，剑飞每年有数百万元的收入。剑飞说，他已经想清楚，准备靠这两项专业能力养老，就这么深耕下去。

—— 推荐好书 ——

　　《掌控习惯：如何养成好习惯并戒除坏习惯》，詹姆斯·克利尔，北京联合出版公司，2019 年出版。

　　一本真正能帮你重塑习惯的好书。讲习惯的书有很多，《掌控习惯：如何养成好习惯并戒除坏习惯》好就好在它是按照执行计划的线索来写作的，每一章节都有具体要做的事项。正如书中习惯养成的理念，作者清楚光讲道理是没用的，介绍一条行之有效的路径，并解释为什么要这么做远胜于只讲概念和似是而非的方案，让读者自己摸索。书中介绍了养成好习惯的四条定律，依次是让它显而易见、让它有吸引力、让它简便易行、让它令人愉悦。我实际应用它们的感受是像在给自己编程：观察习惯触发的各种细节，想办法优化。因为确实效果显著、简单好用，我推荐给了周围所有人。

　　推荐理由：这是真正把"忘记目标，专注体系"讲清楚了的一本书。

3.4　心力强大者胜

养成好习惯还需要努力吗？

努力和不努力的差别在哪里？

如何获得源源不断的内驱力？

商业上的较量，20% 靠能力，80% 靠心力。

学会纵身一跃，持续愚公移山。

前文提到了习惯，提倡靠习惯不靠毅力。那是否意味着养成习惯之后就不需要努力了？

我们以打游戏做类比。玩游戏很容易养成习惯，准确地说是比习惯还要强力的上瘾。那每天投入地玩游戏就能成为电竞选手吗？显然对大多数人来说，这是不可能的。

这说明一个简单的道理：你和大家步调一致，最多也只能拿到中等偏上的结果。

要想获得更大的成就，还是要更努力。最终能成为超级个体的普通人，总有一股不服输的劲头。如果你近距离接触他们，能明显地感受到他们从来都不轻言放弃，不相信别人口中的不可能。

也许你会感觉到不解。为什么我们一边提倡用习惯代替毅力，一遍又强调要加倍努力呢？

其实这二者并不矛盾。人的专注力是有限度的，原本完成日常工作也需要消耗专注力，所以我们很容易焦虑和疲惫。养成良好习惯之后，完成日常工作就开启了自动驾驶模式。富余的专注力，可以用来投入更难的自我挑战。如果把专注力比作金钱，原来你的专注力只够日常开销，现在通过优化，日常开销已经不需要花很多钱，此时你不应该懈怠，而是要更加努力地挣钱来做投资理财，也就是把专注力投入长期重要的事情。

NBA著名篮球运动员乔丹、科比的私人体能教练蒂姆·格罗弗提出过一个判断标准。他把训练过的运动员分成三个等级：第一层的被称为被动者，依赖别人评价自己是否成功；中间层级的被称为掌控者，认为完成任务本身是对付出的最好奖励；金字塔尖的一小部分，被称为统治者，他们无人能及，永远觉得自己还能做得更好。

刚开始接触到这个标准时，我有点被吓到。后来我了解到，在格罗弗的定义里，即使是第一层的"被动者"也已经能在行业内有所成就，表现超出平均水平。有道是"取法乎上，仅得其中；取法乎中，仅得其下"。在大方向上，志存高远，最终也有可能取得更大的收获。

格罗弗的标准还给了我们一个启示：主动比被动好，主动挑战自我比被动应对压力更容易取得成绩。

那怎样主动挑战自己？提升内驱力有没有具体可操作的方法？

介绍两个我在访谈超级个体的过程中发现的好方法（见图3-4）。

纵身一跃
在关键节点上把自己置于
不得不努力的处境中

愚公移山
在枯燥中重复并
打卡、记录和分享

图3-4 提升内驱力的两个方法

方法一：纵身一跃。

如果你没有动力时时刻刻挑战自我，那你可以试试在关键节点上，把自己置于不得不努力的处境中，就像蹦极一样，纵身一跃。

比如，你一直想系统学习心理学，但一直没有挤出时间，于是你报名了某个心理学专业证书的考试。迫于考试的压力，你在规定时间内完成了学习。

又比如，你一直想拥有一门自己的课程，但是拖延症爆发做不出来。于是你先预售了课程，利用付费用户的压力迫使自己完成开发。

纵身一跃，把高难度的长期自我驱动，转化为不得不做的压力。巧妙的地方是由于是你自己的选择，所以你不会出现对抗心理，内心反而隐约有些自豪。

其实不仅是大挑战，日常坚持不下去的小挑战，也可以采用"纵身一跃"的方法。

比如，某位芭蕾舞者，每天早上 6 点要起床练舞。有时候真的不想去，怎么办？她的妙招是对自己说"只要上了出租车就好"。上车之后，她对司机说"去舞蹈教室"。这时候想反悔也来不及了，于是她每次都能坚持下来。

方法二：愚公移山。

优秀的人之所以优秀，是因为他们能每天应付枯燥乏味的重复事物，一遍又一遍地做同样的动作。不要小看这个能力，在枯燥中重复是一种十分稀缺的能力。打卡、记录和分享，其实是给枯燥增加一点变化和关注。比如，在朋友圈、社群日复一日地打卡，标记好数字，证明今天是坚持打卡的第多少天。刚开始可能没有人会特别注意，等到打卡的天数增加到几百天，大家都会期待看到你坚持下去。在大家的目光中，你也不忍心轻易放弃。

我们都听过愚公移山的故事，最终结果是上天被感动了，派了两位天神，帮愚公把山移开了。现实中这样的故事也时常发生。

东方甄选的董宇辉在被关注前，也经历了 6 个月的煎熬期，很少有人看好他，直播间只有十几个人在线，但他依然坚持自己的风格。直到爆火前一晚，他播了7 小时，到凌晨 4 点多，商品还是卖不出去。于是他说"我陪大家聊聊天吧"，但依然没有人回复他。董宇辉说，当时自己都要崩溃了，所以在第二天意外爆火之后，中央电视台采访他："火了之后是什么感觉？"他说："你们怎么来得这么晚，再不来我就撑不下去了。"[1]

最开始你的行为可能有些微不足道，等到坚持打卡了几百天后，大家都会被你不达目的誓不罢休的执着精神震撼到。有资源的人给资源，有能力的人给支持，其他人至少也愿意传播你的故事。巨大的困境就此出现转机。

---

[1] 出自董宇辉直播间视频内容。

　　行动派琦琦是行动派的创始人、头部教育博主、视频号千万热度直播间的主播。行动派琦琦从 2014 年开始做行动派社群，到 2018 年她的线上新媒体矩阵覆盖上百万人，成为国内最大的学习成长新媒体生态圈之一。

　　2021 年，行动派琦琦全力以赴转战视频号。她说，没有什么秘诀，就是把基础工作做好。她每天发朋友圈动态，保持短视频日更，最开始直播的一个月每天直播 2 小时以上，就连最烦琐的私信回复工作，她都是自己每天一条一条回复的，需要回复几千条。她认为，普通人要想把握机遇，就必须做好承担琐碎工作的准备，尤其是内容创作的基础工作，是无法假手于人的。

　　《野蛮进化：乔丹、科比御用极限训练师首度公开"统治者"潜能激发心理学》，蒂姆·S. 格罗弗，莎莉·莱塞·温克，广东人民出版社，2014 年出版。

　　这本书是一本真正意义上的励志书。如果你想找方法，可以仔细阅读前文提过的《掌控习惯：如何养成好习惯并戒除坏习惯》，这本书里没有什么实用的方法。整本书都在讲一件事情：没有捷径，没有退路；做别人永远不愿意做的事，一遍又一遍地做。我始终认为方法和毅力是成功的双翼，不能因为找到了更科学的方法就放弃对心智的磨砺。在励志书中，这本书最大的优点是真实。哪怕我有心理准备，打开书之后还是被顶级运动员的承受能力震撼到了。在安逸成为一种追求的时代，简单粗暴的训练方式背后是一种值得重新拾起的精神力量。

　　推荐理由：一本用残酷的竞技体育作为实证案例的励志书。

3.5　节奏感

如何保持旺盛的精力？

怎样平衡工作和休息？

怎样努力才不累？

均匀发力，减少震荡。

规律停顿，掌控节奏。

你是否有过这样的体验？

任务不拖到临近截止日期绝对完不成。

吃喝玩乐潇洒了一段时间，觉得再这么下去不是个事，给自己打点鸡血努力一阵，然后又松懈下来，如此循环。

网上流传着一句形象的描述："间歇性踌躇满志，持续性混吃等死。"这样做效果好不好呢？大部分人都有体会，效果并不好。

人就像一根铁丝，来回弯折容易断。间歇性努力其实是对精力的巨大浪费。无论熬夜赶报告，还是通宵复习，每一次超负荷工作都意味着第二天效率低下；如果连续超负荷，甚至可能对身体造成损害。同样，一旦交付任务，巨大的压力需要释放的出口，很多人会毫无节制地纵情娱乐，对工作提不起兴趣并反复拖延，直到逼近截止日期，不得不迎接新一次的突击熬夜。

为什么我们容易陷入"间歇性奋斗"的循环？

答案是我们没有掌握好工作的节奏感。正确的节奏感，强调**均匀发力，减少震荡**。

仔细观察周围各行各业的佼佼者，他们无一不是平和而专注，十几年如一日地努力的。对他们来说，努力已经成为一种习惯。很少见他们突击性地赶截止日期，因为他们早就为每一次机会做好了准备。反观另外一些处于行业中等水平的人，他们经常在朋友圈晒加班、赶急活，抱怨工作太多、时间不够用。

为什么高手们能均匀发力，稳定输出，而普通人只能不断地在赶截止日期中循环？我也曾带着这个问题，访谈超级个体们。归纳他们给出的答案：**把握节奏的关键在于停顿**（见图 3-5）。

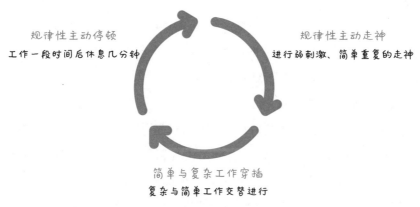

规律性主动停顿
工作一段时间后休息几分钟

规律性主动走神
进行弱刺激、简单重复的走神

简单与复杂工作穿插
复杂与简单工作交替进行

图 3-5　把握节奏的停顿技巧

一是规律性主动停顿。

什么叫停顿？停顿就是工作一段时间后休息几分钟；做完一件事，或者做了一段时间，停下来，过一会儿再接着做。你可别小看停顿，停顿是区别高手和普通人做事的标志。

普通人从早忙到晚，事情一件接一件，一天下来心力交瘁。高手规律性地主动停顿，同样的工作从长跑变成接力赛，做起来不费劲。

你可能听说过"番茄钟"。这是一种时间管理工具。简单来说，就是专心工作25 分钟，停下来休息 5 分钟。有了停顿，工作不过是一大串番茄钟的重复。

科学研究发现，大脑细胞工作的时候，会消耗大量能量，产生一种细胞代谢的副产品，叫作"腺苷"。长时间高强度工作，导致腺苷大量堆积，人会觉得疲惫、烦躁，精力不集中。主动停顿休息，相当于及时清理腺苷，让大脑始终保持清醒。

二是规律性主动走神。

工作思考陷入瓶颈怎么办？有了手机之后，大家习惯性地刷手机、逛网站、看短视频。其实更好的处理方式是规律性地主动走神。

遇到瓶颈时，停下来，做点其他事情。可以看一看远方的风景、运动一会儿，或者整理一下桌面。但是千万不要做其他需要动脑筋、强刺激、消耗注意力的事情，比如看新闻、回邮件、打游戏、刷视频。这样不但不会提高工作效率，反而更容易让人分心，最终让人养成一个坏习惯：遇到难题，就想逃避，忍不住刷短视频、玩手机。

当你在进行弱刺激、简单重复的走神时，表面上你已经停止思考，其实潜意识里思绪还在不断地排列组合。所以传说中阿基米德在洗澡时灵光乍现，悟出浮力公式，这背后其实有脑科学的依据。

三是简单与复杂工作穿插。

我们都知道体力消耗殆尽之后，人就无法举起重物了。但很多人没有意识到，脑力也有消耗殆尽的时候，只是没有体力消耗得那么明显。长时间处理复杂工作，你的注意力开始涣散，反应变得迟钝，记忆力明显下降。越是需要注意力和创造力的工作，就越消耗脑力。因此不要把两项复杂工作安排在一起，中间可以穿插简单工作，让脑力有一段恢复时间。

比如，我在写完文章之后，几乎不安排咨询工作，因为脑子转不过来，很难交付让客户满意的结果。

如果第二天你有重要的会议或分享，前一天可以有意识地让自己少做选择，提前把第二天要做的事务都安排好，这样有可能呈现更好的状态。

——— 访谈案例 ———

珂珂（化名）是一名平面设计师。她开了一个设计工作室，白天在某大型企业的支持部门上班，晚上和周末专门接外包设计的单。有一次我赶着设计物料，朋友推荐了珂珂，说她的设计能力强，收费还不高，但是比较"傲娇"。我当时不太理解"傲娇"的含义。我找到珂珂，她说两天后给我初稿。到了第二天下午，客户问我物料的情况，我发微信给珂珂，没有任何回应。

正当我开始着急时，晚上 8 点珂珂准时把设计稿发给了我，质量超乎预期。后来熟悉之后，我问她："做两份工作是否会感觉辛苦？"珂珂和我分享了她的工作心得：首先她白天哪怕闲到去隔壁办公室聊天也坚决不做私活，另外哪怕看到微信也不回复客户（她开玩笑说是培养客户的良好习惯）；其次每天晚上只花 3 小时做设计，到点收工，周五、周六晚上不工作。她每周算好 20 小时，基于这个工作量接单。她会提前和客户说好，太急的活不接，反复修改的活直接退款。靠设计质量留下来的老客户已经足够了。她在业余时间看动漫、玩剧本杀、野营，各种活动一点都没有被耽搁。她每个月有 3 万元左右的额外收入，是正职工作的两倍多。她准备过段时间带徒弟，也是采用同样的模式，帮忙消化接不过来的单。

推荐好书

《每天最重要的 2 小时》，乔西·戴维斯，江西人民出版社，2016 年出版。

全书最有价值的两点内容：一是自制力需要消耗能量，不要轻易动用自制力；二是关注停顿点，完成任务后不要立马进入下一项任务。好书只需要有一个点真正有用就值得阅读。市面上讲时间管理的书数不胜数，每本都宣称有神奇的发现和效果。我个人体会，时间管理本身是个伪命题，以大部分普通人的努力程度根本轮不到时间管理。真正需要管理的是精力，每天工作 8 小时能保持热情和动力，专注于解决问题就足够了。我也经常面对低效能状态，停顿点的概念给了我新的理解思路。

推荐理由：读一本好书，只要能理解一个道理就值回书钱了，读完它我理解了"停顿"。

3.6　一段时间做好一件事

应该聚焦还是多尝试？

忍不住分心怎么办？

哪些事情值得聚焦？

大部分人对于聚焦有误解，认为聚焦是只做一件事。**其实聚焦并不是只做一件事，而是一段时间只做好一件事**。

当你提升专业能力时，就不要想如何销售；当你做产品时，就不要想怎么宣传灵感和细节。

做好一件事再去做下一件事情，就这么简单。

为什么提倡一段时间只做好一件事，而不是多任务并行？这要从注意力的特点说起。

现代社会最稀缺的是注意力。人类的注意力有以下三个特点。

一是接收量巨大，处理量极小。

用信息论的表述方式说，我们的大脑每接收 1100 万比特的信息，只能够聚焦 40 比特，也就相当于百万分之四，而在短时间内能够记住的只有 4 比特。换句话说，生理构造决定了人在某一时刻只能从接收到的海量信息中保留和处理极少量的信息。

二是多线程操作效率低。

人潜意识里总是认为自己能同步处理多项任务。这只是一厢情愿。一边开会一边回信息的效率，其实比先开会再回信息的效率低。当大脑里的任务过载时，我们需要同时启用多种思维模式，有些任务需要深度思考，有些任务需要快速决策。当有限的脑容量跟不上一心多用的速度时，大脑开始报错，所有的工作表现都低于正常水平。

三是任务切换需要适应时间。

每次切换任务，最初的 10 多分钟内，我们并不能马上进入状态，我们的思维还停留在上一项工作中。就像接力跑的两位队员交接时有一个减速和加速的过程。如果频繁地切换任务，大脑一直都处于适应的过程中，没法进入最佳状态，效率和创造力自然也大打折扣。

要想聚焦，具体操作上可以从以下三个方面入手（见图 3-6）。

懂得取舍　　　　留出整块时间　　　　把同步沟通
找到一段时间的重点　做聚焦的事情　　　变成集中解答

图 3-6　一段时间只做好一件事的技巧

一是懂得取舍，找到一段时间的重点。

巴菲特做过一场演讲叫"一堂人生入门课"。他举了一个生动的例子："我给你一张只有 20 个打孔位的卡片，一个孔代表你做的一项重要投资选择，打完就不可以再选择了。你会被迫三思而后行，竭尽全力地做好每一次投资。"[①]也就是说，越是资源受限，越是容易聚焦。

更好的方法是从一个单点进行突破。告诉自己这段时间内，只有这一件事情，把其他的事情都压缩到极致。将脑海里的思考模式切换成两个框：一个框叫这件事，为其投入尽可能多的注意力；另一个框叫其他事，只安排维持其正常运转的最低配置即可。

你可能还会对聚焦的时间有疑问。"一段时间"究竟是多长呢？ 我建议至少以周为单位。有些事情可能需要好几周。换句话说，每周都应该有需要聚焦的重点，记住，只选一件事。

---

① 卢米斯.跳着踢踏舞去上班［M］.张敏，译.北京：北京联合出版有限责任公司，2017.

二是留出整块时间做聚焦的事情。

找出每天精力最好的几个时间段，每个时间段留好 2~3 小时的整块时间，专门用来做这阶段聚焦的事情。比如，我早上 6 点到 8 点、上午 9 点到 11 点、下午 2 点到 5 点，这三段时间精力最充沛。我会用这三段时间做同一件事。这样一天之内就能看到事情的进展。而其他时间填充碎片任务，或者进行学习、娱乐活动。

在整块时间内，不要插手其他事情，也不要响应其他人的需求，完全沉浸在任务中。抓好整块时间，一天的工作效率都很高。做其他事情可以让绷紧的神经放松下来，这样工作有张有弛，你也不会觉得特别累。

三是把同步沟通变成集中解答。

做任何事情都离不开协作。你可以控制你的时间，但没法控制别人的时间。你工作时总是每隔 10 分钟就被微信消息打断一次，合作方要开会，客户有疑问咨询。沟通与协调的工作不仅把整块的时间切成碎片，还让你的情绪状态一直处于焦虑和兴奋中。

你有没有过这样的体会？做事情做到一半，心里不踏实，总是觉得自己忘了什么事情。定好了开会的时间，开会前和开会后的半小时内都没有办法进入工作状态。

要是你有类似的问题，请主动把一天中专注力比较低的时间段留给沟通与协调工作。主动与老板、客户、合作方敲定时间。提前打好预防针：如果有时候回复信息不及时，我一定会在每天的某个时间段回复，不用担心；其他一切时间不处理沟通和回复的工作。真有急事对方会打电话的。

───(访谈案例)───

虞苏苏是一位女性社群创始人。她毕业于海外名校，在大学期间，虞苏苏就组建社群，通过做跨境电商买手挣到了第一桶金。出色的社群运营能力让她尝到了红利的甜头。成为母亲之后，她又把目光投向教育行业。还是借助社群冷启动，新的教育项目顺利收获了第一批种子用户，并获得了风险投资，她先后在北京和深圳开设连锁教培机构。2020年随着疫情暴发，线下教育行业的发展遭受重创，她不得不重新出发，通过社群活动成功把线下客户引到线上。随后，她看准机会，通过把方法分享给同行，迅速成了一群教育同行的意见领袖，也为自己积攒了第一波对商业感兴趣的女性用户，完成了从运营教育社群到女性社群的转型，3年时间共服务了1000多位女性创业者。她说，虽然创业试错的过程中走了很多弯路，好在最后找到了喜欢且擅长的方向。在任何一段人生经历中，只要全力以赴去投入，最终拿到的结果都不差。

─── 推荐好书 ───

《力量从哪里来：面对每一个不敢》，李一诺，中信出版集团，2021年出版。

"奴隶社会"主理人李一诺老师的自传。我一直是"奴隶社会"的粉丝，如果票选中国职业女性的榜样，我认为李一诺老师一定榜上有名。她拥有光鲜亮丽的外在标签：清华大学学士、麦肯锡公司全球董事合伙人、盖茨基金会北京代表处首席代表、"奴隶社会"公众号和一土教育的联合创始人、三个孩子的妈妈。我周围的女性朋友听闻李一诺老师的故事后，都表示难以置信：她是怎么做到的？这本书回顾了她人生经历中的困难时刻，解答了"力量从哪里来"的问题。从文字中你能感受到真诚的力量，李一诺老师在留学、求职、晋升、转型的每个成长阶段都有不容易的地方，她讲述了自己如何直面内心的恐惧，平静地接受现实，想尽一切办法把事情做好。也许李一诺老师的经历普通人难以企及，但是读完这本书后，我感觉在某个时间段内，面临同样的挑战，我也有了敢于一试的勇气和信心。全情投入，至少比什么都不做强。强烈推荐处于职场迷茫期的人阅读这本书。

推荐理由：真诚、温暖、有力量。

3.7　放下身段

转型之后压力很大怎么办？

事情成功前要不要发朋友圈？

新尝试会不会影响我的本职工作？

不要幻想出道即巅峰。

不要幻想偷偷努力惊艳所有人。

要放下身段。

我周围有两类朋友经常犹豫，迟迟不行动。

第一类朋友，以前的工作很成功，转型新领域时，做了很多规划，上了很多课程，一直在学习却迟迟不动手。我和他们谈起新媒体、社群等方向时，他们经常说："我一年前就关注了。"我问他们为什么没有动手尝试，他们一般会说还没有完全准备好，想要多学习一段时间再看看。

第二类朋友是普普通通的宝妈，或者上班族。他们也知道想要挣钱，必须尝试新的方向。但是你从来不见他们发朋友圈，也不知道他们是已经在尝试，还是在观望。我问他们为什么不告诉大家自己新开了自媒体账号，或者在运营社群，他们有些不好意思地说，自己水平不行，只是试水玩玩，朋友圈里厉害的人太多，怕被笑话。

对这两类朋友，我经常开玩笑地说，你们的偶像包袱太重了！

可能是我们从小就被教育"枪打出头鸟，半壶水响叮当"，也可能是我们读书时曾遭到成绩优异者的暴击。考试前，他们总会说"没复习好，这次要考砸了"，成绩出来后拿着接近满分的考卷心里暗爽，留下你一个人在风中凌乱。反正大家都形成一个默契：无论自己厉不厉害，有没有信心，事成之前不要声张。

你也许幻想着以自己过往的资源和能力，出道即巅峰；抑或幻想着靠自己的默默努力，有一天能惊艳全场。

抱歉，这两种情况，我很少遇到过。我见过那些拿到不错结果的超级个体，无论原来厉不厉害，从决定下水的第一天起，就在全程"直播"分享一路奋斗的历程。大家像看真人秀一样，看着他们许下愿望，扬帆起航，遭遇挫折，不屈不挠，看得津津有味，不知不觉成为忠实拥趸。偶尔也有人在评论区调侃两句，主人公也一笑了之，从不放在心上。

这就是我所说的**放下身段**（见图 3-7）。

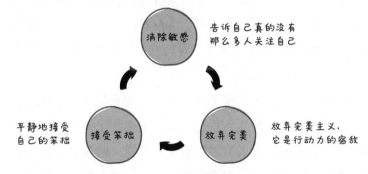

图 3-7　放下身段的训练技巧

首先，告诉自己真的没有那么多人关注自己，关注的人也没有那么在意，在意的人也不会因为你不够完美、不够优秀就离你而去。所以有什么好担心的呢？

人类学家研究过为什么人会有尴尬或害怕出丑的情绪。在原始社会，人类群落聚居的时候，如果你不够谨慎地观察别人对自己的态度，你很可能被赶出部落。一旦被赶出部落，就意味着面临死亡的危险。所以人类在长期的进化过程中，形成了放大别人对自己关注度的本能。

告诉大家自己在做新的尝试，好处多多。在聚光灯下做事，你没有那么容易放弃。每个人的点赞和评论都能给你贡献新的思路。遇到问题，搞不好还有高手跳出来指导，还有可能收获很多意想不到的客户。

其次，放弃完美主义，它是行动力的宿敌。完美主义的本质不是想赢，而是怕输。因为把自己的位置摆得太重要，所以输不起，从而有过高的期待，纠结于不必要的细节。

完美主义者总是想等到万事俱备才动手，但真正的机会从不等人，大家都需要在前路不明、缺少资源的情况下出发，在战斗中学习战斗，在飞驰的汽车上换轮胎。

大部分人迟迟走不出第一步的原因是，总想"憋大招"。他们希望用自己的资源和能力换一个很高的起点。

网上有句俏皮话："出来'混'最重要的是什么？是'出来'。"能成事的人都是高处着眼，低处着手。很多事情起手没有什么精妙的走法。做产品，先给目标客户打电话，聊需求。做内容，先试着每天写几百字的朋友圈文案。我们之所以害怕，是因为没有接触到真实的人和事。书上和课程里的故事永远大开大合、曲折离奇，而真实的世界往往平淡无奇。难怪互联网行业流行说"体感"。只要跳下水，你就能感知到事情的难易。

最后，平静地接受自己的笨拙。聪明人很难接受自己的笨拙，这就是最大的劣势。聪明人习惯了大家的赞美，总是忍不住地想要维护自己的形象。但凡觉得自己做的事情不值得炫耀，或者有可能被别人鄙视，就马上不想做了。但是你想想看，所有的事情刚开始，都是磕磕绊绊的。一定要平静地接受自己的笨拙，尽快开始这个过程，尽快渡过这个过程。做不好就放慢速度去尝试，观察哪里可以改进。

谁都不是生来就会写文案、做产品的，为什么我们要认定自己能胜任每项工作呢？做不好是常态，先要有这个预期，也要给别人这个预期。

把笨拙的一面暴露出来，让其他人看到你真实的一面，慢慢地你就无所谓了，在成长的过程中有可能收获更多粉丝和朋友。

── 典型案例 ──

赵音奇曾经是知名央视主持人，现在是直播间里的英语教育主播。1998年，22 岁的赵音奇进入央视担任中英双语电视栏目《希望英语》的主持人。

2016 年，他担任制片并策划了火遍全国的《中国诗词大会》。2017 年，41 岁的他选择离开央视，出国深造。回国后他选择做英语教育。这时候短视频直播已经成为大趋势，他也从央视的演播厅转战抖音、视频号的直播间。虽然他的背景、知名度、专业实力都远远超过其他英语教育主播，但短视频、直播平台是英雄不问出身的地方，赵音奇的直播间很长一段时间只有几十个人在线。无论面对几十个人还是全国几亿名观众，赵音奇的心态都非常平和，没有任何偶像包袱，一遍一遍不厌其烦地重复，每天直播的时间比非专业出身的主播还要长，上午下午各一场。就这么一场一场地播下来，来直播间的人越来越多。截至本书出版时，他的抖音账号有近 50 万名粉丝，他还在视频号等其他平台同步更新内容。他在英语教育的主场上超过了很早入场的知名博主。

推荐好书

《冯唐成事心法》，冯唐，北京联合出版公司，2020 年出版。

冯唐是影响我发展偏好最多的人。顾问容易满足于宏大叙事，最终难免眼高手低。我最佩服冯唐的一点是他足够知行合一。他不仅顾问做得好，而且当 CEO、做投资人同样在业界有拿得出手的战绩，更不用说他还有大众所熟知的作家身份。冯唐说，他一直没有找到适合中国人的管理课，所以决定自己写一本书，就是这本《冯唐成事心法》。书中有一节，叫作"摒弃'身心灵'，在现实中'修行'"，提到"不要把舒服当成天经地义，不要把难受当成马上要丢掉的负担"。在商学院写千百份商业计划书，不如在实践中写一份商业计划书。冯唐自己说："20 年来，我一直有两份全职工作的工作量。"外人看到冯唐在网上嬉笑怒骂，过得潇洒惬意；而背后是 20 年里，平均每周工作 80 到 100 小时。冯唐有极佳的文学素养，写起经济管理类图书别有一番风味。读完之后，你能看到人生的另一种可能性。这本书我反复品读，内容和文字常读常新。

推荐理由：麦肯锡方法论加上曾国藩的智慧再加上冯唐的经历和文笔，只能说独一无二。

3.8　把工作当成玩

工作和生活如何平衡？

如何从工作中找到激情和乐趣？

如何获得心流状态？

你不厌其烦的地方，就是你的天分所在。

工作和玩就在一念之间，看你如何定义。

现代人总是处在两种不幸福的状态之中：不是因为生活平淡而觉得无聊，就是因为压力太大而感到焦虑。"躺平"成了职场人的口头禅，提前退休是大部分人的梦想。

既然工作没法带来快乐，我们就去找一些好玩的事情。这几年流行剧本杀，大家围坐一圈，先花 20 分钟研读长达 10 页的角色剧本，再花 2 小时发言讨论，推理出谁是凶手。那个烧脑程度我觉得比上班还累。难怪有人调侃，这是花钱过来体验加班开会。

可仔细想想，很多游戏其实和工作是相似的。电子竞技自然不用说了，但凡好玩点的游戏，都免不了要学习人物技能、设计组合策略、百折不挠地挑战 BOSS，为了升级花费数十小时做无聊的任务，还要和游戏中的同伴沟通与协作。

有时候我恍惚之间，都分不清哪些是游戏面板，哪些是工作后台的数据面板，长得实在有点像。所以经常玩游戏的人刚接触抖音这些平台的后台时，会有一种似曾相识的亲切感。

正如心流理论的提出者米哈里·契克森米哈赖所言：**"我们从生活中得到的快乐，归根结底直接取决于心灵如何过滤与阐释日常体验。"**也就是说，是工作还是玩，取决于我们自己如何理解。

所谓的心流，就是人们在全神贯注地做一件事时，那种沉浸其中的忘我状态。在这种状态中，你能体验到快乐。你有体验过打游戏或看剧时忘记时间停不下来的感觉吗？这就是心流体验。

出人意料的是，米哈里研究发现，成年人生活中的心流大部分出现在工作时，而不是娱乐时。因为人们花在工作上的时间更多，占到人们总时间的1/3以上。有些人就是能在工作中找到激情和乐趣，这一点正是高手与普通人的重要区别。

也许你会说，我的工作就是很无聊。如果你觉得工作无聊，一定不是工作的原因，而是你的工作方式的原因。当然，排除一些机械性的重复工作，但凡能够发挥主观能动性的工作，都有可能变得有趣。如果你实在对自己的工作失望透顶，你不妨试着从工作方式的角度探索一下，能否把它改造成一份有趣的好工作。

我对"有趣的好工作"的定义有三条标准（见图3-8）。

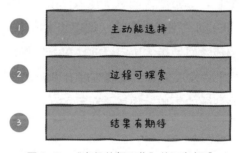

图 3-8 "有趣的好工作"的三条标准

一是主动能选择。

在以前的观念里，工作是老板布置的，保质保量地完成工作是优秀的职业素养。然而在新的职业观念中，好工作是需要自己主动争取的。如果一项工作，不是老板塞给你的，而是你自己主动选择的，工作体验就会完全不同。只要我们能证明自己有动力、有能力完成工作并带来价值，我们就有机会获得更多类似的机会。

二是过程可探索。

但凡有趣的工作都存在可供探索的空间。对流程固定的工作，从生疏到熟悉是探索；对优化结果的工作，调整路径是探索。只要在过程中能不断探索新的方法，把工作越做越好，你就能收获快乐。如果流程固定、自由度太少，你可以适当向上管理，争取一定的探索空间。

三是结果有期待。

有趣的工作离不开正反馈。游戏中成功打败 BOSS，你将听到诸如金币滚落的悦耳音效，因而产生极大的满足感，强化美好的体验，从而有动力继续踏上征程。想通了这些，我们就能明白如何让工作也变得有趣。在高度分工化的现代社会，我们完成的工作可能只是复杂价值链的一环，我们很有可能收不到终端的反馈。很多高手会主动给每个阶段的工作附加自行设定的奖励反馈。其中简单好用的莫过于收获他人的鼓励。因此，我们需要突破传统观念中对于展示的误解，多分享每天的收获，从中汲取能量，直至创造真正显性的结果。

当然追求工作的乐趣并不意味着一定要选择显而易见的娱乐性工作。相反，我发现一个规律，在本身就充满乐趣的行业里，普通人更难脱颖而出。比如，B站是典型的兴趣内容平台，也是所有超级个体公认的商业投产比最低的平台。究其原因是 B 站的分享和互动氛围非常融洽，创作和交流本身就富有乐趣，所以吸引了大量单纯基于兴趣热爱而创作优质内容的博主。你如果因为喜欢逛 B 站而选择B站作为内容创作的平台发展副业，发展难度有可能比选择其他平台要高得多。

相反，在别人觉得枯燥的领域发现属于自己的乐趣，这才是最有竞争力的心智模式。

知名产品专家梁宁说："你不厌其烦的地方，就是你的天分所在。"你会对某些东西感到愉悦，这些东西持续给你满足感，让你可以一直花时间在这里，不厌其烦。时间久了，其实你就会与众不同。

怎样才能从工作中找到激情和乐趣？

我们不妨做个测试。有两条路摆在你面前。一条是选择挣钱的工作并让自己产生热爱。另一条是选择热爱的工作并想办法让它能挣到钱。你会如何选择？

我有一位朋友，他在金融行业工作。之前他和我说自己的热爱就是挣钱。后来因为岗位变动，不仅工作更加辛苦，而且到手的收入也一落千丈。朋友对工作瞬间无爱，最终辞职去做了心理咨询师。刚开始的时候完全挣不到钱，但是因为喜欢所以一直在耕耘和精进，家里的开销暂时靠太太的收入勉强维持。一年后，他的课程收入居然超过了离职前的工资收入。两年后，课程收入超过了职场巅峰期的收入。

正如《底层逻辑》一书中提到的："有些人发自内心地认为，工作是创造而不是消耗，对待工作的态度，正是优秀和庸常的分界线。"

── 访谈案例 ──

敖德是一位资深的童书策划人，创立了图书品牌"耕林"并担任总编辑。敖德在自媒体账号上这样介绍自己："收集思想的人、最懂童书的故事爸爸、好书猎人。"凡是和敖德接触过的人，都能感受到他的快乐，三句话一准聊到他最近策划的新书。大学毕业之后，本来要成为中学美术老师的他，选择了自己的兴趣，投身童书出版行业。当时国外的童书行业走在前沿，敖德引进了不少海外优秀童书，联系了不少作者。有时候组织作者在全国开巡回讲座，他一个大社长就过去给作者当小助理，跟着他们全国跑，并乐此不疲。虽然敖德策划过像《不一样的卡梅拉》这种销量达 4800 万册的畅销书，但我和他交流时，他绝口不提销量，更让他兴奋的是新书的创意、邀请到了某位一直想合作的作者、收到了某张有意思的插画。

── 推荐好书 ──

《发现心流：日常生活中的最优体验》，米哈里·契克森米哈赖，中信出版集团，2018 年出版。

这本书是"心流"理论提出者，积极心理学奠基人米哈里·契克森米哈赖的作品，"心流"系列的第二本书。书中从工作、生活、人际关系三个方面分享如何创造专注忘我的心流状态。其中工作部分提出的概念是把工作当成游戏。对怎样实现这一点，作者建议化被动为主动，主动定义工作目标、主动调节任务难度、主动找到工作方法。中国人对于心流的概念很容易接受，毕竟在几千年的儒释道文化熏陶下，道法自然、天人合一的状态一直被人们向往。米哈里有扎实的学术背景，他把心流的概念具象化，用科学的方法探讨如何实现它。因此这本书比其他心灵自助类书籍高了好几个段位。

推荐理由：这本书把心流这件事讲明白了，个人感觉比第一本更有指向性。

04

学习篇

通过学习修建护城河

知识图谱＋多元思维＋输出输入＝学习
构建知识大树，输出拉动输入。

4.1　大树模型

学习的秘诀是什么？

如何消化、吸收知识？

如何应用知识？

成功离不开终身学习。巴菲特说，他是一台学习机器，每天夜里睡觉时都比那天早晨聪明一点点。

在学习成长这件事上，有三位很棒的大师值得我们学习，他们各自琢磨出了一套神奇的方法，帮助他们取得了举世瞩目的成就。

这三位大师和他们所采用的方法分别是：

德国社会学家尼古拉斯·卢曼的卡片笔记法；

投资大师查理·芒格的多元思维模型；

物理老顽童理查德·费曼的费曼学习法。

这些方法组合在一起，构成了学习成长的核心模型——大树模型（见图4-1）。大树模型有以下三个逻辑。

- 第一步，输入。把知识拆解成最小的单元，构建树状知识图谱。
- 第二步，吸收。用多元思维模型解决问题，不断构建新的联系。
- 第三步，输出。输出拉动输入，像叶片从根系吸收养分一般，融会贯通。

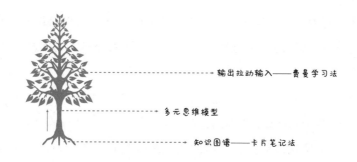

图 4-1 学习成长的大树模型

先来介绍卡片笔记法，它解决的是如何输入知识的问题。

尼古拉斯·卢曼不如其他两位出名，却着实是位牛人。卢曼原本是一名普通的德国公务员，最终凭借自成一派的学习方法和不懈的努力，成为知名大学的社会学教授。他用30年，出版了59本学术专著，数百篇论文，不少作品成为经典之作。他之所以能取得如此成就，主要得益于他所采用的高效学习法。这套学习法被后人整理出来，即著名的卡片笔记法。

卡片笔记法建议，在阅读学习的过程中，不要整篇地记录学习内容，而是将其拆解成一个个知识点。每张卡片记录一个知识点，并打好标签。这个过程很像我们消化和吸收食物的过程，食物被分解成小分子，再被吸收。

除了记录知识点，你还可以在每张卡片上记录下自己的观点、想法。这样当你需要为解决问题寻找思路时，你就可以翻找这些卡片组合。卡片笔记法可以更有效地促进我们的大脑进行自下而上的高质量思考。

卢曼当时用的是纸质卡片，我们现在有了更先进的在线笔记工具，比如飞书文档，一键就能找到某个标签的所有相关内容，还可以在文档之间建立超链接。这使得卡片笔记的效能大大增强。

卡片笔记法的底层逻辑并不复杂：拆解知识点，再重新组合；建立知识间的逻辑结构。

接着我们来看芒格的多元思维模型，它解决的是如何吸收、应用知识的问题。

查理·芒格曾说："如果你的教授没有给你合适的跨学科方法，如果每个教授都想要滥用他自己的模型，而贬低其他学科的重要模型，你可以亲自纠正那种愚蠢。"

债券投资专家比尔·格罗斯也说："我的书房咖啡桌上摆的并不是彼得·林奇的《战胜华尔街》或是我自己的著作，而是历史学家保罗·约翰逊的几本有关 19 世纪和 20 世纪的历史书。"[①]

芒格认为，要想成为一个有智慧的人，就必须拥有多个模型，而且要把你的经验放在这些模型交织而成的网络中。

模型的作用是简化抽象信息，帮助我们拨云见日，找到真相。不同的学科有不同的模型构建方式。商业是一门复杂且不够精确的学科，不像数学、物理学可以精确地用公式计算出结果，商业存在大量模糊地带，在多种因素的共同影响下产生结果。商业涉及经济学、社会学、心理学等多个学科，再往下细分会用到沟通谈判、博弈论、媒介传播等各个领域的思维方式。

个人如果希望在商业上取得成就，必须广泛涉猎，用一百把钥匙来开一把锁，而不是用一把榔头敲下所有钉子。

最后，学习效率问题留给费曼来解决。

理查德·费曼不仅是诺贝尔物理学奖得主，还是一个老顽童。修收音机、玩桑巴鼓、画画、破解玛雅文字、开保险箱……各种兴趣爱好他一学就会。此外，费曼还拥有一项很多领域内的专家不具备的能力，那就是用普通人听得懂的话来解释专业知识。

费曼学习法的核心就是通过向别人清楚地解释一件事，来确认自己真的弄懂了这件事，即通过输出拉动输入。

比如，我给企业上"新零售"这门课上了 5 年，我发现自己比学员进步得还快。5 年前我只讲新零售的发展趋势，现在我还能深入浅出地教给学员落地的方法。我和学员开玩笑说，我教了 5 年的新零售，终于把自己给教会了。为了授课，我需要研究最新的案例，需要分析企业的具体问题，还需要解答学员有关落地细节的疑问。输出的过程，让输入更有效。

所以，无论分享、讲课、写作还是直播，当然还包括最重要的动手实践，所有的输出都在反向拉动输入。顺着知识大树的脉络汲取养分，你的本领在这一过程中不断精进。

---

① 考夫曼.穷查理宝典：查理·芒格智慧箴言录［M］.北京：中信出版集团，2021.

我的案例

很多人以为我是先成为某个领域的专家，再动手写一本书的。真实情况是我先定好研究的长期方向，再以写书为线索用三五年让自己成为专家。在写作《新零售进化论》之前，我只是一名普通的商业顾问，我用了 1 年研究访谈，又用了 1 年写作，再讲了 5 年课、做了 5 年咨询。研究新零售的过程中，我对社群、KOL 产生了浓厚的兴趣，后来加入图书社群平台"书里有品"，接触了大量的作者、专家、KOL，发现他们一个人顶一家公司，个个都是"狠角色"。从他们身上，我看到了未来超级个体和超级组织的趋势。于是我开始接私人商业顾问的案子，发现这方面的需求的确很大。两年前，我开始筹备写一本书来探讨一些共性问题。我大量访谈这些超级个体，挖掘他们的人生轨迹、成功的密钥，最终汇聚为这本书。有时候，你不用担心自己的专业度还不够高，在你输出的过程中，自然会有更厉害的人给你提建议。你也正是在这种专业的碰撞中，不断成长为更好的自己。

推荐好书

《卡片笔记写作法：如何实现从阅读到写作》，申克·阿伦斯，人民邮电出版社，2021 年出版。

这本书虽然是教阅读和写作的，但其中的方法可以应用在任何学习和研究中。书中把卡片笔记的学习方法拆分为四个步骤：学习、思考、记录、复习。我个人认为，最重要的环节在于思考和复习。思考需要你看到内容背后的信息，有时候是逻辑关系，有时候是联想创新。这种学习模式势必会让你的节奏慢下来，刚开始你可能不习惯，但回顾时的收获会让你感慨"值得"。复习就是养成习惯，遇到问题时去查找之前的记录，在翻阅的过程中酝酿灵感，就好比在脑海里拼乐高拼图。

推荐理由：无论你喜不喜欢做笔记都应该读的一本书。

4.2 世上无难事

世上无难事只是一句口号吗？

遇到困难如何解决？

如何合理预计事情的难度？

瞄准更高的月亮，如果你失败，至少可以落到目标云彩上面（见图 4-2）。

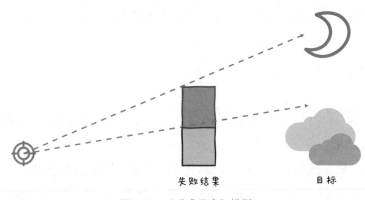

失败结果 目标

图 4-2 "瞄准月亮"模型

有人曾问我，做商业顾问最大的收获是什么？ 我想了一下，回答说，可能是信心吧。相信只要愿意学，世上无难事。

越是简单的道理，越是知易行难。我记得刚参加工作时，老板带我去世界五百强企业参加营销战略研讨会。会后，老板安排给我一个课题：优化针对集团大客户的销售方案。我当时就蒙了，怯生生地问老板："这么复杂的项目交给我真的合适吗？"我当时想的是，那么多工作了十几二十年的专家制订的方案，我一个刚毕业的大学生怎么去优化？老板当时只说了一句话，让我至今难忘："只要付出足够多的思考，总会有新的发现。"

神奇的是，我的优化方案居然通过了。虽然我只在其中贡献了一点点新的内容，但我在观念上迈出了一大步，祛魅了。从那以后我意识到，困难都是自己想象出来的。如果你把困难想象得太强大、太可怕，那你肯定解决不了它。

在后来的工作中，无论遇到多复杂的商业项目，我的第一反应都是我试试看。不敢打包票能做成，但我一定有信心试一试。

对于普通人来说，新的商业挑战更是如此。社群、IP、短视频、直播……我们都是刚刚接触，所谓的专家也不过只有两三年的经验。因此只要你愿意，半年内你也能成为别人眼中的专家。

我有一个客户是做汽车配件经销的，现在在抖音上一个月能卖上百万元的产品。在访谈中，我问他是如何学会做抖音的，他颇为自豪地说："我自己琢磨的。"他说他当年从其他行业转到汽车配件行业做销售员，没有人教他，他花了两个月跟在公司业绩最好的销售员旁边，观察对方怎么找潜在客户、谈判、开单。两个月后，他成了公司销售业绩第二名的销售员。他做抖音账号采用的是同样的方法：拆解做得好的同类账号，找身边会做的人咨询；该花钱就花钱，该花时间就花时间。

对专业要有敬畏之心，对困难则要有藐视一切的态度。

有些人太害怕失败了，过于放大对失败的恐惧。但是，学习有什么好失败的呢？ 最差的结果不过是学不会。学不会就再学呗，又不是投资决策，失败会亏钱。投资要谨慎，学习要大胆。

笃信第一性原理的埃隆·马斯克是最好的例子。他的 6 家公司，每一家做的事情在一开始都被认为不可能。电动汽车、超级高铁、火箭发射、人工智能、生命未来、脑机接口……即使是现在看起来落地效果最好的电动汽车，当年也不被看好。当时，专家断言电池组每千瓦时的造价至少 600 美元。马斯克用第一性原理拆解，认为电池是由钴、镍、铝、碳等一些聚合物以及密封装置组成的，这些材料只要 80 美元，所以一定有可能做出更便宜的电池。

马斯克虽然极其聪明，拥有物理学和经济学的双学位，但是不可能熟知制造、人工智能、生物医疗等各个领域的知识，相关的知识只可能靠自学。据报道，马斯克每周工作 85 小时以上，有时夜晚 3 点躺下，第二天一早去开会，晚上可能还要飞往其他城市参加会议①。

他说："人们可以选择不平凡。我接受失败，但不接受放弃。"

───┤ 访谈案例 ├───

　　小七老师是一位儿童早期教育专家。他原本只是一名普通的上班族，2009 年女儿的出生让他对未来有了新的设想，他决心研究儿童养育的课题。也许一般对育儿感兴趣的家长也就看看相关的书籍，最多报个培训班，但小七老师直接选择重返校园，于 2011 年考上了北京师范大学儿童心理发展与心理健康专业的研究生。毕业后，他创办了一家早教公司，前期起步很困难，第一场讲座只有 5 位听众，但他还是坚持了下来，一直做了 1000 多场大大小小的讲座。在创业初期，他也面临每一位专家都会遇到的困扰：怎样让受众知道我、了解我、信任我？没接触过自媒体，没关系，一切都可以学。没过几年，他就成了微博排名前 10 的儿童教育博主，还出版了育儿方面的畅销书，在抖音上也积累了 90 多万名粉丝，一切似乎都是那么顺其自然。他从来没有公开分享过自己是如何做到这些的，不过我们还是能看出一些端倪，比如为了做好直播，他每天早上都坚持直播，每天 3 小时以上，从不间断。

───┤ 推荐好书 ├───

《硅谷钢铁侠：埃隆·马斯克的冒险人生》，阿什利·万斯，中信出版集团，2016 年出版。

　　从马斯克身上能够学到什么？打破规则？第一性原理？我认为都不是。普通人首先要学会每天长时间工作（当然像马斯克每天工作 20 小时不现实也不推荐）还依然保持热情。如果你的老板要求你每天工作 12 小时，这是职场压榨。但如果是你自己有热情做感兴趣的事情，那就另当别论了。你可以在不影响健康的情况

① 马斯克. 马斯克：世界上最可怕的事情，是没有内驱力［EB/OL］.（2021-12-13）［2023-03-27］.

下想工作多久就工作多久。你会在这本传记中发现马斯克热情的来源，从而发掘出自己的热情所在。很多企业家传记的叙事模板都是"早年吃了很多苦，因为坚持、笑对困难，所以成功"。但是看完这本书，你能感受到马斯克并没有强调吃苦的重要性，高强度的工作在他看来不过是实现梦想的道路上理所应当的事情，不用强调也不用矫饰。他把更多的注意力放在如何改变世界、如何实现梦想上。正如书中所说，马斯克是个肩负使命的人，而且始终如一。希望你读完这本书也能找到自己的使命和热情。

推荐理由：看完你会发现，再难的事情也是逢山开路、遇水搭桥，遇到问题就解决问题。

4.3　终身学习

如何养成终身学习的习惯？
如何对学习产生兴趣？
怎样学习更有效？

终身学习才能逃离内卷。

大量输入自有思路。

永远保持一颗好奇心。

人人都知道要终身学习，为什么我还要写这个章节呢？原因有二：首先，我访谈过的超级个体，无一例外都提到学习是如何给了自己巨大的帮助；其次，还有很多人对学习的理解停留在读书、买课的层面。因此，我觉得有必要在此谈谈这个问题。

先说说我观察到的三种错误的学习类型。

一是表演式学习。在朋友圈"打卡"，去网红书店摆拍。学习成为社交货币不完全是坏事，但表演式攀比会让学习流于表面。

二是占有式学习。喜欢买书，但不喜欢看。热衷于报课，但没时间学。觉得买了就等于学了，在付费的一刹那获得学习的满足感。

三是安慰式学习。在短视频里读名著，在娱乐节目里"涨知识"。喜欢留言评论"学到了"。其实什么都没有学到，收获的只有学习的错觉。

不是搞知识付费的人和机构在制造焦虑，而是你这种自欺欺人式的学习没有带来效果，你的内心真的很慌。于是乎，你反过头来自我合理化，认为鼓励学习是在制造焦虑。

真正的终身学习，会遵循"即学即用""构建框架""享受乐趣"三个阶段层层递进（见图 4-3）。

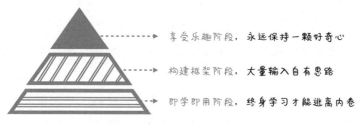

享受乐趣阶段，永远保持一颗好奇心

构建框架阶段，大量输入自有思路

即学即用阶段，终身学习才能逃离内卷

图 4-3　终身学习的三个阶段

一是即学即用阶段，终身学习才能逃离内卷。

在这一阶段，你是为解决具体问题而进行针对性学习的。比如，当你拿起这本书时，你真的希望从中了解到如何从普通人转型为年入百万的超级个体。

即学即用是非常高效的学习形式，不怕你的目的功利，就怕你漫无目的。人生发展到一定阶段，容易陷入低层次、无意义的消耗，即"内卷"。被动地接受工作，学习岗位指定的内容，不知道学习的意义何在，把自己锁死在无意义的竞争中。

在这一阶段，建议你读两类书：一类是专业书，讲实用的方法技巧，学完就能操作实践；另一类是人物传记，你可以透过别人的眼睛看清自己的未来。

即学即用阶段最重要的学习方法是思考和实践。思考自己原来没有看见的可能性，不被眼前的一亩三分地束缚。通过书中本行业或跨行业优秀方法和案例的启发思路，看见更多可能性，再实践书中的方法，争取拿到结果。

二是构建框架阶段，大量输入自有思路。

到了这一阶段，你开始发现自己苦思冥想的问题，其实早有人系统研究过；你也会发现，尽管学习了很多最新的应用层面的知识，却无法做到融会贯通。你很羡慕周围那些厉害的人，他们能够举一反三，解决复杂问题。

此时，你需要一个知识框架来容纳海量的知识。对构建知识框架这个事情，千万不要闭门造车。人类发展到今天，任何一个细分学科都有无数智慧高深、才华横溢的前辈，他们穷毕生功力构建了现阶段最接近真相的知识体系。我们要学会站在巨人的肩膀上。

要想构建知识框架，首先，你要找出相关领域几本经典的教科书。以营销学为例，你可以先阅读菲利普·科特勒的《市场营销原理》，再看各类畅销商业书，这样会理解得更深入。即使是相互矛盾的观点，你也能看懂其内在逻辑。

除了经典之作，你还需要阅读大量不那么好读的书。比如，涉及复杂公式运算的书，偏理论的经典教材等。同时要有这样一种意识：不是所有的知识都能立马转化为生产力。

抖音集团的创始人张一鸣在接受采访时说，自己从大学起就爱看书，有时也会困惑，不知道看的这些书和思考的问题在生活中到底有什么用。直到后来进入互联网行业并开始创业后，他才发现，各个领域的知识串联成知识网，能帮助他更快、更精准地理解行业、理解管理，更灵活地应对不熟悉的领域。[①]

三是享受乐趣阶段，永远保持一颗好奇心。

如果你只想成为某个行业的高手，前两阶段的学习就已经足够了；但如果你希望在这个行业出类拔萃，那你必须走进这一阶段，真正喜欢、享受学习。

我留心观察各行各业的大师级人物，发现他们有一个共同点，那就是永远保持一颗好奇心，生命不息，学习不止。他们学习不仅是为实现目标，更多的是乐在其中，享受学习的过程。

据说，巴菲特基本每天都要读 10 小时以上的书，除了工作、睡觉、健身、陪家人，其他时间都在读书。

我的偶像赫伯特·西蒙，一生的兴趣是研究"决策"。从政治学、公共管理，到经济学、认知心理学，再到人工智能，他一路顺着好奇心探索，最终同时获得诺贝尔经济学奖和图灵奖两项最高荣誉（也是迄今为止唯一一个获此殊荣的人），被誉为"人工智能之父"。

───「访谈案例」───

郝志强是一位企业教练，是营销领域知名的培训师，但他在 40 岁之后却放弃了这份年入百万的工作，转行做起了知识博主。他特别愿意下功夫钻研，

───────────

① 张一鸣. 南开时光三件事：耐心，知识，伙伴［EB/OL］.（2015-11-17）［2023-03-17］.

在做培训师的那些年，为了弄清楚学员到底有没有学会，他读了 200 多本教育学方面的书，甚至连如何写板书都专门研究过。2015 年，微信社群兴起，他开始琢磨如何使用社群提高学习效率，组建了 100 多个学习群。他评价自己是一个喜欢不断尝试新事物的人。当短视频、直播时代来临时，他立马下水体验，所有的工作都是自己一个人通过学习搞定的，拍摄、写文案、剪辑、运营一肩挑，其中每个小细节都有他的巧思。比如，对如何在直播间里边讲边演示 PPT，他尝试了很多方法，最后选择用电视背投 PPT，现场打字答疑的形式。尝试直播＋社群的授课模式后，他果断地放弃了原来企业培训的业务，全身心投入这个模式。郝志强说，这就是未来，他愿意不断学习和接受新鲜事物。

推荐好书

《科学迷宫里的顽童和大师：赫伯特·西蒙自传》，赫伯特·A. 西蒙，中译出版社，2018 年出版。

赫伯特·西蒙在不同领域都拿到了最高成就，这位诺贝尔奖和图灵奖的双料得主是如何学习的？顺着书中的线索脉络，你将看到一个出生在 20 世纪初移民家庭的普通少年，听从内心的声音，在学术探索的路上一而再再而三地跨界，最终成为一代大师的故事。赫伯特·西蒙的学术生涯很长，从 1933 年进入芝加哥大学政治系学习到 2001 年去世，他在 68 年里涉猎了政治学、公共管理、经济学、认知心理学，到后来的人工智能、计算机科学。好奇心拉着他在学术的雪地上一路狂奔，所经之处留下了一道道深刻的"印记"。如果你感觉工作之后学习更多是为了提升自己，那么你容易陷入实用主义的局限中。赫伯特·西蒙的这本自传会让你找回学生时代对知识的好奇心，并让你带着好奇心不断寻找生活的答案。

推荐理由：体会一直在学习和探索的人生是何等幸福充实。

4.4　研究驱动

读书、学习对挣钱有帮助吗?

理论重要还是实践重要?

如何用研究提高决策水平?

商业高手最重要的标志就是研究驱动。

在重要的商业决策中,多瞄准,少扣扳机。

更多地研究是为了更少地决策,更久地研究是为了更准地决策。

凭运气挣的钱,最后往往会凭实力亏掉。想要持续稳定地获得更大的商业成就,必须研究商业的规律,形成商业直觉。所谓商业直觉,即经由大量研究、实践、复盘后形成的快速反应。

商业成就升至一定层级的高手中,没有人不重视研究。此时你需要的不再是事无巨细地把握,而是在关键方向上的精准判断。从划独木舟到掌舵远航巨轮,动作变少,思考变多。

具体研究什么? 答案是,研究变化,研究人、生意、组织和环境的变化规律。

人在变化,消费者的需求、习惯、偏好在变化;生意在变化,新的技术、新的打法、新的模式不断出现;组织在变化,从流水线到创新小组,从军队式到球队式,再到超级个体与超级组织;环境在变化,比如居家隔离让远程办公迅速普及。

研究变化的过程中,不变也随之显现。

事物发展的基本规律、人类的本性、处世的哲学、历史的演进……越研究,就越能从无序中发现有序,最终把慢思考变成快反应。这也是为什么高手遇到问题时能够很快把握关键、看见因果、洞察趋势，他们依靠的是大量的思维训练和实践反馈。

想象一下，你每天有 10 件或大或小的事情需要分析和判断，每月有四五个难题等着寻找答案，每年有一两个战略方向要研究和决策，当"做题"的量提升上来时，你的商业敏锐度自然也远胜常人。

具体如何研究呢？

高瓴资本的创始人张磊在其所著的《价值》一书中介绍了三个公式，我在实践中越用越觉得精妙，这三个公式如图 4-4 所示。

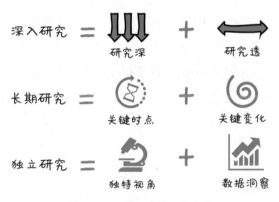

图 4-4 研究驱动的三个公式

深入研究 = 研究深 + 研究透

研究深，挖掘关键痕迹。简化的公式模型绝非商业研究的终点。挖掘出剧烈变化中的关键，明确当时做了什么才扭转乾坤。研究深，强调因果逻辑，关注收益。

研究透，逆向思考假设。如果当时换另一种方法会怎样？如果缺某个条件又会怎样？穷尽各种维度。研究透，强调关联逻辑，关注风险。

深入研究，扎深扎透，平衡好收益和风险。

长期研究 = 关键时点 + 关键变化

如果说深入研究关注因素，那么长期研究关注时点。

关键时点，即在大家都看不懂的时候，少数人能敏锐地觉察行业即将洗牌。

关键变化，即某个稀缺的资源将不再稀缺，某个结构性的阻力将被技术或政策突破。

不识庐山真面目，只缘身在此山中。处于行业内部，变化每天发生在眼前，感觉不出来。时常跳出来，拉长时间轴看过去，看上下游、看其他行业的历史变化。

独立研究＝独特视角＋数据洞察

独立研究意味着不做预设，接受任何可能性。

独特视角，坚信观察和逻辑，不迷信权威，敢于推翻自己的结论。

数据洞察，利用数据但不依赖数据，不只选择对自己的观点有利的数据。精确的数据无法代替大方向上的判断，要看到数据背后的真相。

独立研究真正将商业从经验主义提升到独立学科的高度，把目前人能掌握的最严谨的研究方法论，即自然科学和社会科学的方法，融入思维框架，探索商业的底层规律。

─── 访谈案例 ───

王玥是一名产业投资人，也是我的前上司，他和陈澄波等几个人一起打造了年入 2 亿元的"咨询航母"。创业 10 年后，他做出了一个决定：离开自己一手创立的公司，往产业的前端走。这一判断源自他多年的研究，在他看来，咨询服务迟早要面对一个巨大的时代变革：技术对商业模式的颠覆及重塑。之后他加盟创业邦，担任合伙人及创业营总教练，主导孵化器基金。再后来他继续往产业深处走，成立了"连界资本"，聚焦于产业投资，连接产业界和创新界。他一直都保持阅读的习惯，为此甚至专门开了一家书店，戏称自己为"书店里的投资人"。在选择投资方向上，他还是向技术史寻找答案。纵观历史，推动人类技术发展的三条主线是信息、材料和能源。于是最终他选择材料领域作为投资的主方向。

推荐好书

《价值：我对投资的思考》，张磊，浙江教育出版社，2020 年出版。

张磊是亚洲资产管理规模最大的投资机构掌舵人，在这本书中，他系统复盘了自己对投资和商业的思考，你可以看到长期主义者对于什么是真正价值的理解。书中价值观和方法密集，张磊对具体的投资专业内容谈得少，对商业理解谈得多。其中"研究驱动"一节尤其值得细读。张磊描述高瓴为"一家专注于研究行业、研究基本面的投资公司"，把研究摆到安身立命的位置。关于长期主义者如何从研究中获得成就和回报，书中给出了不少可供参考的方法。张磊多年的研究和实践，在行文中体现得淋漓尽致。第二部分"价值投资的哲学与修养"中的每句话，细细咀嚼都仿佛一篇文章，适合正在从事商业和投资的人深度学习，常看常新。

推荐理由：惜墨如金，每句话展开都是一份研报。

4.5　知识图谱

学了总是忘怎么办?

记住了不会用怎么办?

怎么找复杂问题的答案?

散装的知识没有价值。

高手的脑海里都是一套一套的模型。

我们的大脑像一个图书馆,你不断往里加书,如果没有一套检索机制,遇到问题,在偌大的图书馆里也找不到答案。

知识图谱是帮助我们整理知识的工具。我们需要靠一种"思考的支架"来辅助自己把知识点结构化,理清楚它们之间的联系。

知识图谱的底层逻辑其实是让知识形成树状结构和网状结构。所谓树状结构,其实就是知识点的从属关系。比如,产品包含了实体产品和虚拟产品,其中虚拟产品又包含了课程和服务,课程又可以继续细分为在线课程、线下课程。像这样一层层地展开,形成的是树状结构。而网状结构,是指知识点相互关联。比如,研发实体产品需要写文案,写文案又涉及定位,定位是营销领域的概念,产品和营销产生了关联。如果你刚好需要给产品写文案,就需要借助网状结构,找到产品知识和定位方法。

在知识点形成结构之后,每一个知识点都有多个线索,容易被提取。整理大脑中知识点之间纵横交错的逻辑结构,就形成了知识图谱。知识图谱能帮助我们更好地整理和应用知识点,让我们遇到问题也更容易找到答案。

比如,图 4-5 是一张个人商业变现的知识图谱。从图中可以清楚地看出目标人群的问题，以及它们的关系。

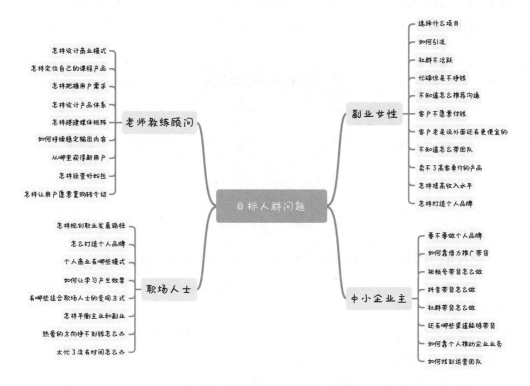

图 4-5　个人商业变现的知识图谱

怎样用知识图谱提高解决问题的能力（见图 4-6）？

图 4-6　知识图谱构建步骤

一是结构化。

理清问题和知识的逻辑结构。前文介绍过的金字塔原理能帮助你想清楚、说明白。按照 MECE 原则梳理问题。

比如，如何拍好短视频？将短视频拍摄流程梳理下来分为选题、脚本、表现、拍摄、剪辑、其他。任意两个细分项是不重叠的，也没有漏任何一个细分项。其中每一个细分项又可以按照同样的原则继续展开，比如拍摄可以展开为灯光、布景、摄像、道具等。最后形成金字塔或树状结构（见图 4-7）。

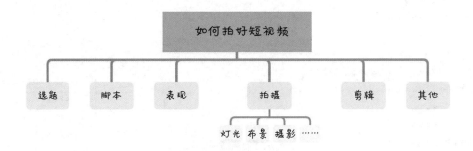

图 4-7　结构化梳理问题

结构化的梳理方式，有两种基本思路：一种叫流程法，另一种叫要素法。

流程法按照做事的先后时间顺序梳理。比如，早上的时间安排：起床、洗漱、阅读、吃早饭、出门。

要素法按照组成问题的要素模块梳理。比如，新客户的来源：主动搜索、新媒体流量、老用户转介绍。

结构化的底层有一个最基本的单元，我们将其定义为知识点。按照前文提过的卡片笔记法，每个知识点可以被视为一张卡片。

知识点可以简单理解为不必再拆分的知识。比如前面的例子——如何拍好短视频中，"灯光"就是一个知识点，不需要再拆解了。

把一张张知识点卡片按照不同的顺序排列组合，可以形成不同的结构，解决不同的问题。

比如，"灯光"这个知识点，可以用来拍短视频，也可以用来直播。按照这套方法，最终可以形成"问题—结构—知识点"的基本构架。

操作上实现结构化的工具主要是思维导图，在网上搜索这个关键词就可以下载相关软件。

二是超链接。

为了寻找思路，我们经常顺藤摸瓜，从一个知识点跳到另一个知识点。最典型的体验是你在百度百科搜索许多关键词，都可以点击其他关联词进行跳转。

这件事在以前的纸质卡片笔记时代很难实现，现在有了先进的在线文档应用，比如飞书文档、"幕布"等，可以随时在知识文档中插入超链接，跳转到其他文档，最后的效果相当于制作了属于自己的"百科"。

这些把知识点连接在一起的超链接，像牵牛花的支架。顺着超链接，我们常常能发现隐蔽的内在联系。

比如，变现篇中提到的纸板模型工具，其实是我多年以前在学习产品设计MVP 和 IDEO 的创新方法时建立的超链接。当时我没有在意，后来需要开发课程和服务类产品，我想到把二者结合起来。

三是建模型。

高手的脑海里内置了很多模板打法。心理学家西蒙在 1973 年发现国际象棋大师的工作记忆并没有显著地高于常人，但是他们的长时记忆里有 5 万 ~10 万个棋局组块。高手的脑海里都是"一套套"知识晶体。

大脑的短期记忆力是有限的，我们只有把已经完成的事情从大脑里清理出去，才能维持大脑的高效运转，就像电脑要及时清理缓存。模型的意义在于，不需要重新组装知识，成型的知识拿来就可以用，用完就可以清理出去。

如图 4-8 所示，散装的数据在模型的加持下能够不断组装为信息，再成为知识，最后形成智慧。每个行业的高手都能在极短的时间内，根据有限的信息做出判断，而新手需要花大量时间来思考和分析。典型的例子是，有经验的医生 5 分钟就能诊断病情，刚刚毕业的医学生则不能。

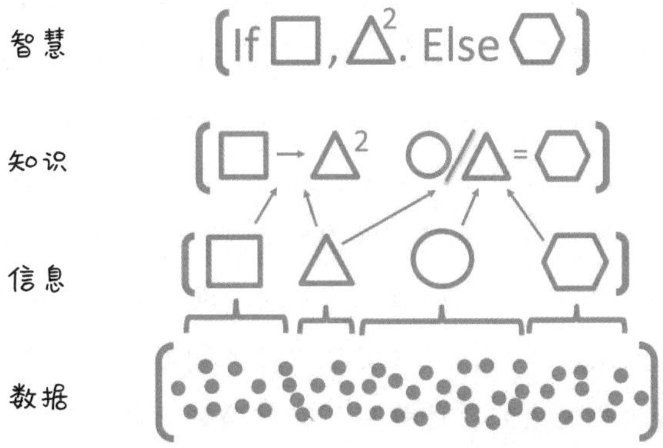

图 4-8　模型的组装功能

可以将模型理解为更加经典、常用的思考结构，把结构固化并反复使用就成了模型。商业书籍和课程中有大量模型，每个人最终也会形成自己的思考模型。正如《认知觉醒》一书的作者周岭所言："搭建个人认知体系的真相是打碎各家的认知体系，只取其中最触动自己的点或块，然后将其拼接成自己的认知网络。"

要想用知识图谱解决商业问题，仅靠理解他人模型的能力是不够的，更关键的能力在于找到外部模型与自己原有知识体系的可连接处，将它们像拼乐高一样巧妙地衔接在一起。在学习和实践中不断扩充自己的思维图谱。

当然最后还有一个关键点不容忽视：知识图谱最终的指向一定要明确。学习不是为了成为"四脚书橱"，而是为了应用，在这本书的语境下是为了解决真实的商业问题。以终为始，无论学习行之有效的实用方法，还是学习拓展眼界的社科人文，在每个时间点，都必须把所有的知识点连接起来，形成自己的探索路径。

─── 访谈案例 ───

龙少（化名）是一名自学成才的流量运营专家。他 16 岁就出来打工，在打印店学会了排版，后来转行去小营销公司做美工。到 23 岁，龙少已经换了 6 份工作，最后一份工作让他看到了挣钱的希望。他帮老板运营在线知识付费的课程，老板一个月挣了 100 多万元。龙少发现课程不难，都是流量运营的基本常识，从网上搜集、整理素材并结合过往工作经验就能讲。于是，他果断辞职，准备自己单干。刚开始他推广的是自己开发的引流课程，课程定价为 9.9 元，教一些基础的内容，推广了两周只有 30 余人报名，效果很不理想。他反思了一下，自己没有名气，也没有钱用来付费推广，类似的引流课市面上还有不少，这条路很难走通。然后他想到了一个好主意：要不然直接用网上公开的干货内容引流吧？说干就干，他从各个渠道搜集了上百篇干货分享，打包成一个合集，定价还是 9.9 元。没想到这一次依然没有起色，还是只有几十人购买。最后，他决定从自身的学习体会入手。他最喜欢分门别类地整理好结构化的内容，这样任何时间遇到问题都可以从中找到灵感和方案。他开发了自己的第三套引流产品"30个小红书挣钱案例精选文档"，这次他自己做了深度解读，将每个案例的适合人群、操作方法、关联案例都一一罗列清楚。这次他终于大卖了上千份，而且产品给用户带来的价值感在后续正价课程的转化率中也有所体现。龙少说："给的多没有用，要指向清晰的目标，整理成结构化的体系，后续我还会继续完善这个系列。"

推荐好书

《模型思维》，斯科特·佩奇，浙江人民出版社，2019年出版。

这是一本很硬核的书，专门写给愿意深度思考的人。我们小时候都上过物理课，老师为解决某个例题花了整整一节课的时间推导出模型公式，后续再遇到类似的问题，可以直接用公式或把公式稍微变形来解决。也就是说，我们认为很复杂的问题，在你看懂了背后简化的模型之后，有可能变得非常简单。本书的作者斯科特·佩奇是风靡全球的"模型思维课"的主讲人，他总结提炼了24种常用模型，从线性回归到博弈论，用来解决工作和生活中遇到的各种问题。在商业环境中，高手能在复杂中抓住重点，通过四个步骤，简化—建模—解释—预测，解决难题。需要特别指出一点，书中的模型有严谨的科学基础，更多脱胎于自然科学而非社会科学。如果说你正在看的这本《单干：成为超级个体的49个关键动作》给出的模型是思维框架，那《模型思维》中的模型就是可量化的数学模型。无论你是否有理工科背景，这本《模型思维》都是绝佳的商业科学入门读物。

推荐理由：百万学生上过的经典课程讲稿改编，作者用7年改了30稿，这24种模型是真的可以进行公式运算的扎实模型。

4.6　多元思维模型

怎样理解复杂的商业现象？
怎样突破思维的局限？
怎样提升思维的高度？

如果你的手里只拿着铁锤，你会觉得整个世界的问题都像钉子。

复杂系统需要多元思维。

最著名的多元思维模型倡导者当属查理·芒格。在《穷查理宝典》中他提出，如果想投资一家公司，他不会对这家公司的财务信息进行肤浅的独立评估，而是要对它的内部经营状况及所处的整体"生态系统"做出全面的分析。要做到这一点，就需要借用并糅合来自各个传统学科的分析工具和方法，这些学科包括历史学、心理学、数学、工程学、物理学、统计学、经济学等。

为什么需要用到这么多学科？因为几乎每个系统都受到多种因素的共同影响，所以如果要理解这样的复杂系统，你必须熟练地运用来自不同学科的多元思维。

关于投资方法，芒格说："最重要的事情是要牢牢记住一系列原理，复利原理、排列组合原理、决策树理论、误判心理学等 100 多种模型，它们加在一起往往能够带来特别大的力量。这是两种、三种或四种力量共同作用于同一个方向，而且你得到的通常不仅是几种力量之和。"

大部分人因为芒格的论述，把多元思维模型简单理解为多元学科模型，其实多元思维模型有四个层次，从低到高依次如下（见图 4-9）。

图 4-9　多元思维模型的四个层次

一是自我经验。

自我经验是根据自己过往工作和生活经验形成的模型。比如，我是咨询行业出身，喜欢研究建模、推理论证；我的客户来自传统制造行业，喜欢核算成本、研究政策；我的朋友一直从事投资，喜欢看行业上升空间、竞争壁垒。

过往的成功经验，会让我们形成一定的路径依赖。比如，我从事咨询行业多年，因而一直偏好智力行业，对餐饮等实体行业敬而远之，觉得又要管人又要管事，不可控因素多，还不好复制经验。而我从事餐饮行业的朋友，看我的工作也觉得又要研究又要创作，还要谈单，远不如看得见摸得着的、每天等顾客上门的生意踏实。

自我经验构成了我们思维的底色。如果停留在自我经验阶段，我们很容易选择性地吸收信息而不自知。看起来符合自己经验的信息就赞成，不符合的就无视。最终商业上的成功与否，很大程度上取决于我们过往的经验是否在新环境中继续生效。

二是行业方法论。

行业方法论是不同行业解决问题的方法。爱学习的人喜欢和不同行业的朋友喝茶聊天，加入各种圈子社群，用其他行业的方法来启发自己的行业思路。

前文提到过，我曾经向美妆个护行业的高手讨教内容种草和新媒体的打法，把这套打法移植到食品饮料和鞋服运动行业，十分奏效。最近几年，我又尝试将快消品的品牌营销和社群打法复制给个人，先用我自己做实验，然后推荐给客户和朋友，效果也很明显。

为什么企业喜欢找咨询公司？不是因为咨询公司的顾问比企业里的人更聪明，

而是因为企业内部的人需要把大量时间花在自己的工作改进上，无法看到其他公司、其他行业的先进实践。而咨询公司每天的工作是在全行业找最佳实践，提取有效策略。

不同行业发展阶段和侧重点不同，先进生产力和生产关系的发展阶段也不同。合理迁移，可以进行所谓的"降维应用"。

三是学科方法论。

学科方法论是用更底层的多学科思维模型来理解商业问题。芒格认为，人类社会到目前为止研究方法最严苛的领域就是科学领域。哪怕行业方法都是一家之言，科学研究论证的方法也需要经过判断、审查、接受或拒绝。一套学说，可能需要接受随机双盲实验，需要有大样本、可证伪，跨越时间反复地得到验证才可能被认可、暂时被接受，且随时可能被新的发现推翻。

因此，用多学科的方法来指导商业，在更长远的时间线上，看得更准、更透彻。所以投资人和大公司的创始人推崇多学科思维模型。

比如，你相信吗？生物学可以用来指导社群运营。我们经常看到鸟聚集成群，组成各种队形，姿态优美。究竟是谁在指挥鸟组成队形呢？科学家用计算机模拟鸟群的运动轨迹，发现只要遵循三条基本规则就能让鸟群组成队形：聚集，尽量靠近邻居；对齐，与邻居的飞行方向保持一致；分离，如果和其他鸟靠得太近，则远离。同理在社群运营中，不需要运营者逐一沟通协调，只需要定下简单的规则，最开始有人遵守，后续其他成员也会跟着遵守。

四是哲学。

多元思维模型的最高层自然是哲学。哲学研究世界的本质、自我、语言、逻辑、理性、价值、善恶、知识的来源等一系列问题。我个人认为哲学即"人学"，哲学能帮助我们以更高的视角看到人与自我、与他人、与世界的关系，而商业不过是其中很小的一个分支。

古今中外的企业家都有自己的商业哲学。稻盛和夫提倡利他哲学，张磊提倡投资要守正用奇，就连街边早餐店的老板都坚持诚信经营、童叟无欺。

如果你觉得哲学太深奥，可以在看小说、电影等艺术作品时，留心观察和感受。艺术作品同样让我们富有想象力地洞察他人的生活、思想和感受。

訪谈案例

　　赛美是一位从IT行业转行的保险经纪人，她擅长系统化思考，将咨询顾问模式结合学习型社群引入保险行业，并取得了令人羡慕的成绩。赛美原本在一家IT公司做项目经理、培训讲师，后来也曾离职创业，对咨询和培训都相当熟悉。2013年，赛美转行到保险行业，迅速从业绩为零的新人做到深圳公司业绩第一名，然后一直领先，最终甚至说服总公司为她设立了一个巨大的学习共享空间。对于她的事迹，我在正式访谈之前就早有耳闻。我听到的版本是她用学习型社群的方式经营保险业务。如果你有好的学习分享活动，无论读书会还是分享会，都可以无偿使用她精心打造的赋能空间。赛美也是一个狂热的学习达人，她常年活跃在多个知名学习社群，经常为社群提供财经分享信息，同时邀请大咖给团队和客户赋能。对比同行在办公室里推广业务，赛美以学习为切入口，构建了一个有价值、有温度的圈子，从而深度连接客户。在我访谈赛美后，我意识到这只是外在表现形式，真正的底层价值是她在用顾问思维和教育思维来改造保险营销模式。她说保险行业一直存在过度推销的问题，自己不懂推销，一开始就带入财务顾问的角色帮客户解决问题。保险产品只是水到渠成的问题解决工具，不是最终目的。同样因为懂社群、懂教育，所以她能和很多知识IP建立良好的互动关系，大家都认可教育的价值。我问她，同行能学会这套模式吗？她说很难。复制一个场馆和工具不难，难的是定位和思维上的转变，更难的是带着百人团队整体跃迁，整齐出发。

推荐好书

　　《穷查理宝典：查理·芒格智慧箴言录》，查理·芒格，彼得·考夫曼，中信出版集团，2021年出版。

　　这本书有点像《论语》，完整收录了芒格的个人传记与投资哲学，以及过去20年来芒格主要的公开演讲和媒体访谈。《穷查理宝典：查理·芒格智慧箴言录》其实是一本素材书，你可以再找一些工具来挖掘理解芒格的思想精髓。如果你希望在个人成长层面吸收芒格的思想，我推荐读一读成甲的《好好学习：个人知识管理精进指南》。成甲多年研究如何内化芒格思想，芒格推崇的多元思维模型如何指导工作与生活，复利效应、概率论具体如何使用，这些问题在《好好学习：个人知识管理精进指南》一书中都能找到答案。如果你想从源头继续深入探索，一定不要忽略《穷查理宝典：查理·芒格智慧箴言录》最后的书单。芒格说："我这辈子遇到的聪明人没有不每天阅读的。"书单上的书可是芒格盖章认证的好书，不妨找来精读。总之，《穷查理宝典：查理·芒格智慧箴言录》提供了经过芒格一生实践检验的观点素材库，没有分析，没有推导过程，每个人都能以自己的角度体悟和实践。

推荐理由：太经典了，但很多地方点到为止，最好搭配"教辅"（其他同题材书籍）。

4.7　输出拉动输入

怎样拿到更好的结果?

为什么输出可以拉动输入?

什么是费曼学习法?

知行合一,用输出拉动输入。

讲一遍,做一遍,卖一遍。

想要做出成绩,离不开大量的学习输入。我们经常听到有人说"明白了很多道理,可是依然过不好这一生""读了很多书,考了很多证,还是挣不到钱"。

输入和输出之间似乎存在某种断层。看完一本书,如果你不去领悟,不去尝试,不去实践应用,你就很难将知识变成生产力。

对于普通人来说,大部分学习应该围绕实践开展,也就是用输出拉动输入。

具体如何用输出拉动输入呢?我给大家归纳了三条路径(见图4-10)。

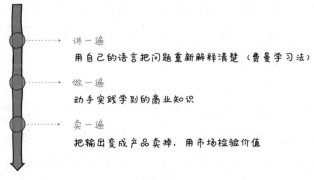

讲一遍

用自己的语言把问题重新解释清楚(费曼学习法)

做一遍

动手实践学到的商业知识

卖一遍

把输出变成产品卖掉,用市场检验价值

图 4-10　输出拉动输入的三条路径

一是讲一遍。

学完之后用自己的语言把问题重新解释清楚。大名鼎鼎的费曼学习法说起来就这么简单。

为什么讲一遍能学得更好？因为在讲的过程中，你有一个明确的目标：让听众理解。听众能否理解很好判断，而自己看书学习的过程中，常常感觉自己好像懂了，其实不懂。

读书的时候，老师经常说自己有一桶水，才能给学生一瓢水。等你尝试给别人讲解的时候一定对此深有体会。

首先，如果照本宣科地把概念背诵一遍，讲起来一定磕磕绊绊，连自己这关都过不了。为了解释清楚，你会本能地抓本质，重点解释最核心的内容。比如，我为了给零基础学员讲清楚商业模式是什么，完全放弃了市面上流行的"商业模式画布"等工具，直接把常见的个人商业模式总结为低买高卖和注意力变现两种。

除了抓本质，老师还需要学会形象化表达，举例子、做类比。还是以我总结的个人商业模式为例。我接着告诉学员，低买高卖，就像摆夜宵摊，低价买菜，把菜炒好，再加价卖出去；注意力变现，就像街头卖艺，用内容吸引注意力，再打个广告，卖点东西。

这么一套下来，你举一反三的能力会变得特别强，再晦涩的理论你也能抓住重点。

此外，学员还会提问，通过大量问题帮你找出知识盲点。

我在咨询工作中经常给企业和个人培训。每讲一次，我都要重新找出最新的方法和实践优化过的内容，总担心被学员考到。培训工作从某种意义上是客户花钱帮助我学习。《礼记·学记》中说的"教学相长"诚不欺我。

二是做一遍。

"纸上得来终觉浅，绝知此事要躬行。"要动手实践学到的商业知识。

做顾问、做老师最容易被挑战的一点就是"你行你上啊"。我也是受不了激将法的人，做顾问 3 年之后，就下水创业了。后来我研究新零售，企业的咨询和培训工作多到接不过来，看到好的项目还是忍不住挽起袖子动手做。当时"书里有品"的创始人吴波邀请我加入，我很果断地答应了。我当时的想法很简单，我在自己的《新零售进化论》中预测，未来是内容和社群的时代，"书里有品"刚好横跨内容和社群。我希望看到书中的方法在真实商业环境中应用的效果。后来，确实有些判断是正确的，而有些方法过于理论化，在实践中被证伪。无论怎样，实践让我的能力得到了飞速提升。

三是卖一遍。

曾经有一个喜剧演员说："从小他们都笑话我，我想着反正也要被笑话，还不如收他们点钱。"做分享也好，做实践也好，都需要投入时间、精力。如果没有正反馈，估计这些事情会被其他优先级更高的事情挤掉，所以最好的办法是将其产品化。

学会把输出变成产品卖掉有以下两个好处。

首先，有直接的收益，你有动力做下去。不是每个人都需要把知识付费当成主业，但知识付费确实是不错的副业。哪怕你的主业收益不错，不需要靠知识付费养家糊口，但有收入就是激励，让你有持续分享、持续实践的动力。如果知识能应用在工作中，可以试一试能带来多大的改变；如果短期内不能，也可以把知识做成知识付费的课程，或付费社群。

其次，用市场检验价值。如果有很多人愿意付费学习，甚至花高价学习，说明你掌握的方法很稀缺。反之，大家都不愿意付费，说明你掌握的方法要么稀松平常，要么离变现比较远。从市场反馈中，洞察商业学习的方向。

访谈案例

辰君是一位数学老师，在线下培训机构教小学数学。双减政策执行之后，原来的课程没法继续上了，她准备转型为线上学习力启蒙教育老师。最开始她准备认证为一门市面上成型课程的老师。她咨询我的意见，我建议她如果未来3年准备一直深耕儿童学习力启蒙领域，越早开发出自己的课程越有竞争力。她考察了一周的市场，最终下定决心研发自有课程体系。主要原因是她发现，市面上的课程对于很多家长来说都没有太高的品牌认知度，而课程体系中也有不少她并不认同的教学理念，与其为他人作嫁衣裳，还不如自己下功夫做。她首先找到了市面上所有同类的课程，调研家长，了解哪些核心要点最吸引人。她确认老师背书、过往案例和孩子上课的体验是家长最关注的三个要点。接下来她做了两件事情：自学并考取了发展心理学的相关证书，以较低的价格先帮熟悉的孩子辅导。4 个月之后，她开发的结合数学游戏提升学习力的课程大受欢迎。她说，因为要开发课程，她整整 4 个月都在学习、应用，感觉比过往几年的进步都要大。

推荐好书

《发现的乐趣》，理查德·费曼，北京联合出版社，2016 年出版。

1981 年，BBC 科普节目《地平线》采访了费曼，当时费曼 63 岁，他回顾了年少时的求学工作经历，颇有"朝花夕拾"的味道。后人将他的经历整理成册，也就是这本《发现的乐趣》。现在很多人都希望掌握"费曼学习法"，其一手信息就出自此书。费曼涉猎很广，不只是物理，他对很多问题都有深邃的思考，并能娓娓道来，引人入胜。仅仅选取其学习方法的部分，就是最广为流传的"教学相长"，即用教别人的方式来学习。书中提到，费曼 13 岁的时候去图书馆借微积分的书，给爸爸讲微积分。爸爸都不太懂，费曼自己却觉得很简单、一目了然。上大学时，从麻省理工学院回家，他给爸爸讲解光子是什么。虽然关于学习的篇幅不长，但是从小时候爸爸给费曼讲解，到后来费曼自己用讲解的方式来学习，能够窥见费曼的学习习惯。当然书中还有很多精彩的部分，包括不迷信权威、保持质疑和提出问题的本能等。看完你会感受到费曼有趣又执着的性格。

推荐理由：看完你真的很想找费曼补习，这么一想还是吸收他的学习方法吧。

4.8　访谈是最好的工具

如何向优秀的人学习？

做访谈有哪些收获？

如何做好访谈？

坚持访谈是向优秀的朋友学习的最好工具。

如果你想获得源源不断的新知，结识优秀聪慧的朋友，我推荐你做一档访谈栏目。这是我目前尝试过的效率最高、体验最好的方式。真后悔没有早一点开始。只有亲自下场体验，你才能感受到其背后蕴藏的巨大收益。

访谈有以下三个隐形的巨大收益（见图4-11）。

沐浴信息流　　　　学会提问　　　　有效社交

在高质量的信息　　能提出好问题就　　认识更多优秀的朋友
中快速提升　　　　成功了一半

图4-11　访谈的三个巨大收益

一是沐浴信息流。

有人曾经说，你周围关系最好的10个朋友决定了你事业的发展上限。这话不假。圈层决定信息质量，信息质量决定机会。坚持做访谈，你就是优质信息的中心。

沐浴在高质量的信息中，你将快速提升自己，你的视野、格局、思维、机会甚至会比同等背景的小伙伴好上十几倍。

比如，有次访谈一位知乎大 V，他用三句话就讲清楚了知乎账号应该怎么做；而当时我正反复尝试，但无论写什么都没有人看。你的困扰对别人来说可能微不足道。

再比如，我访谈了两位做短视频的高手。一位介绍说需要追热点，另一位则说完全不需要追热点。我抛出了其中一位的观点和分析问另一位，他马上就有了兴致，详细地介绍背后的逻辑，以及在不同情况下应该如何处理。

你看，本来我没法挖掘出有深度的内容，但通过信息的相互对比，内容也就不断加深。就像一个不太会下棋的人，同时与两位高手对弈，只是复制别人的棋路，就逼出了两位高手的绝招。

当你一直沐浴在高质量的信息流环境中时，你就像一块海绵，疯狂地吸收知识和信息，逼迫自己训练出敏锐的洞察力和独立思考能力，否则就跟不上嘉宾的思路。久而久之，你也成为高手之一。

二是学会提问。

坚持做访谈能提高你的提问质量。

爱因斯坦说过一句话，大意如下："如果我只有 1 小时来解决问题，那我会花 55 分钟来思考这个问题在问什么，剩下 5 分钟再去思考解决方案。"

能提出好问题，你就成功了一半。提问是一门非常重要的技巧，提出好的问题甚至比找到答案还重要。

比如，问嘉宾为什么能创作出爆款内容，就不如问嘉宾如果重来一遍，再做一个账号，动作上会有什么不同。

嘉宾经常会把关键信息一带而过，因为他们早就习以为常，不知道哪些内容对你来说是新知，及时追问能引出一连串惊喜。

有一次，我在访谈一位女性社群创始人时，她无意中提到有些学员连续买了 3 年她的付费社群会员。我好奇地追问了一句："那老会员续费有没有优惠啊？"她特别兴奋地说，当时这个问题也困扰了她很久。然后就如何给老会员优惠定价，她分享了具体的做法，让我少走了很多弯路。

在做咨询顾问的时候，我习惯用一套工具：QBQ（Question Behind Question，问题背后的问题），围绕一个关键点不断深挖。

比如，为什么课程卖不出去？因为用户不感兴趣；为什么用户不感兴趣？因为课程太多了；为什么已经有很多类似的课程还要开发？因为我只会这个领域的内容；为什么专注于这个领域还是无法做出用户感兴趣的内容？因为我的内容太专业了，用户说看不懂。

最后找到原因：需要把专业的内容做得更生动、有趣、好懂。

如果是在直播间里做访谈，提问的技巧又不一样了。**多问别人是什么，多问自己为什么。**

很多嘉宾在被访谈之后，都感慨不知不觉分享了这么多，说我的访谈能力太厉害了。其实我也是通过和高手学习领悟到了一条极其简单的道理：不要让嘉宾思考，让他们分享本来就知道的内容。

你问嘉宾为什么，嘉宾多少要想一想，有时候临时想不起来，要么卡壳，要么信口开河。

但是你问嘉宾是什么，嘉宾只需要回忆就可以了，轻松很多。在回答是什么的时候，如果他们能想到为什么，顺便就解释清楚了。

比如，你问嘉宾为什么选择离职做自媒体，嘉宾需要组织一下语言；你问嘉宾当时面临职场瓶颈想过哪些选择，嘉宾可以马上回忆起来，并解释原因。

三是有效社交。

访谈能让你认识更多优秀的朋友。

访谈能让你和远在千里之外、从来没深聊过的朋友，在镜头前足足聊够 2 小时。现场聚会还需要寒暄，线上访谈则可以全程围绕主题高能输出。

我做了一年多的访谈节目，和百余位作者、专家、自媒体大 V、意见领袖成了朋友。通过一次访谈，双方都能感受到彼此的能力和三观。后续衍生了不少合作机会，有的人还介绍他的朋友给我认识。

你的周围慢慢有了一圈优秀的朋友，还有更多人愿意加入这个小圈子。恭喜你成为一个高价值社群的发起人。

高价值社群非常难发起。只要坚持做访谈，高价值社群就可以自然生长出来。

我的案例

　　我爱上做访谈纯属意外。2021 年"书里有品"希望在周五晚上做一档连线作者的直播栏目，我主动请缨。我原以为作者老师习惯用文字说话，在镜头前可能比较拘谨。但没有想到，一旦找到感兴趣的话题，老师们一个比一个健谈。我很快掌握了做访谈的诀窍：忘掉自己的知识储备，代观众问出他们关心的问题。我每次只问一个问题，当问题需要解释时，先描述背景，用最后一句提出简单的问题，否则嘉宾会忘记问题是什么。2022 年我希望访谈更多商业领域的超级个体，于是用自己的账号"陈欢商业笔记"新开了一档访谈叫作"个体学派"。一场一场的访谈做下来，我最大的体会是术业有专攻，自己百思不得其解的问题对已经拿到结果的人来说是如此稀松平常，如果你不主动提问，他们甚至都觉得没有必要单独拿出来讲解。比如，有段时间我陷入抓刚需的产品经理执念中，课程全部围绕"如何挣钱"展开。面对学习成长等相对软性的主题总觉得抓不住用户的痛点，很难让自己的课程从大量课程中脱颖而出。刚好我访谈到《小脑袋装的大哲学》作者，哲学博士高浩容老师。他在上海做儿童哲学教育，这个课题在我看来简直是天方夜谭，连大人都望而生畏的哲学用来辅导孩子，家长真的有需求吗？在和高老师聊了两个多小时之后，我成功破除了对"刚需"的执念。刚需也是见仁见智的，只要能带来价值，就总能找到认可价值的人群，对他们来说这就是刚需。到现在，每周的访谈成为我学习、研究、社交活动的中心，我能感受到自己在快速汲取优秀的思维养料，与有趣精彩的人成为朋友。

推荐好书

《详谈》系列，李翔，新星出版社，2020—2022 年出版。

　　我曾经有幸和业界前辈坐下来深度交流，这两三小时学到的东西让我产生了后怕的感觉，如果没有这次交流，仅靠自己摸索还不知道要走多少弯路。《详谈》系列相当于找一个更敏锐、更会提问的人，在更长的时间线上连续深度访谈商业人物。没有人跳出来总结提炼，书中给出的完全是主人公的一手信息，忠实于商业行动和背后的逻辑。一本书就是一个人的访谈案例，很符合商学院常用的哈佛案例教学法。作者李翔是资深媒体人，后来去了得到开专栏，被更多人熟知。李翔在序言中说，采访、记录和研究的目的是对抗遗忘，让后来的人可以真正做到站在前人的肩膀上前行，而不至于陷入不断重蹈覆辙或不断重新发明轮子的怪圈。

推荐理由：买的时候："这么贵？"看完后："太值了。"

扫码添加企业微信，回复关键词"案例"，获得超级个体访谈案例。

05

在混沌的信息中做选择

（正确决策 – 错误决策）× 时间 = 决策

在人生河流的每个分岔口，多做正确决策，少做错误决策。

5.1　河流模型

如何做出正确的选择？

怎样提高自己的决策能力？

怎样知道选择长期的利弊？

选择质量将决定你的生活质量。

在人生河流的每个分岔口，多做正确选择，少做错误选择。

人的一生将面临无数的选择，有一些将改变我们的命运，有一些回头看根本无关紧要，问题是当下你无从知晓。也许在临时决定出席的某场饭局上，你将遇见改变自己人生轨迹的贵人；也可能某次不经意的草率，将使自己陷入数年的债务泥沼。

在我们的印象中，顶级投资人、知名企业家应该是最会做选择的人。桥水基金创始人、《原则》的作者瑞·达利欧说："时间就像一条河流，载着我们顺流而下，遇到现实，需要决策，我们无法停留，也无法回避，只能以最好的方式应对。"

他还做了一个动画。主人公坐在一艘小船上，顺流而下。河流有无数岔路口，每个路口都通往未知，需要做出选择。

顶级投资人谈到选择时，表述方法各异，底层逻辑却出奇地一致。

持续做出正确的选择，少做或不做错误的选择。

这句话乍一听是一句废话，但放在具体的语境中，你能体会到大师们极简的智慧，在现实生活中我所接触到的人和事无数次印证了这句话。这句话可以用公式来表达：

（正确选择 − 错误选择）× 时间 ＝ 成功

这个公式又被称为河流模型（见图 5–1）。这个废话一样的公式究竟如何帮助我们做出正确的决策？

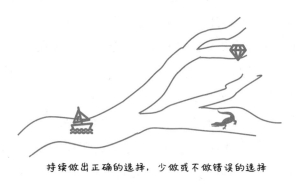

持续做出正确的选择，少做或不做错误的选择

图 5–1　河流模型

这个公式背后暗含四个选择的原理。

第一，人生是由无数的选择构成的，而不是我们印象中的几个选择定终身。

一两个选择不足以影响我们的一生。还是用河流模拟人生，你顺流而下，每个岔路口都要做出选择：往左拐还是往右拐？有时候你选错了，可能会走不少弯路。但是没关系，只要你坚持正确的方向，多走几个岔路口总会拐到正确的路上，而且很可能在这些弯路上看到不一样的风景，遇到不一样的人，收获不一样的历练和机遇。

所以，不用过于担心某一个选择的后果，反而需要重视每一个选择的质量。

第二，一个选择重不重要，在不同的时间尺度上得到的答案是不一样的。

人生中有一些选择明显很重要，比如高考、求职、买房子，而其他的选择比较难以界定。有一些选择你觉得很重要，为此左右为难了很久，但放在更长的时间尺度上看，你可能太过患得患失。

比如很多人认为考研是一个重要的选择。在你工作了 5 年、10 年以后，你会发现有没有研究生的学历其实不那么重要，保持好奇心、终身学习才是最重要的。

反过来，有时候一些不经意的选择会在未来产生深远的影响。

乔布斯曾经在大学时选修了书法，看起来毫无作用。但后来在苹果产品的研发过程中，乔布斯的设计美感成就了一代传奇产品大神。

你是否有过这样的经历？无意中参加一次聚会，结识了一位非常重要的朋友，若干年后，这位朋友为你带来了改变人生的机遇。所以选择是否重要，短时间内根本无法预知，甚至在一段时间过后复盘，我们也只能得出相对正确的结论。

第三，每个小选择都会决定改变命运级大选择的可选项。

《孙子兵法》云："先胜而后求战，可立于不败之地。"很多时候考验我们的不是选择能力，而是有没有更好的选项。

当你没有积累足够多的优势时，你可能经常面临两难的局面，比如工作和家庭很难平衡，似乎只能在这两个选项中二选一，不能兼得，也没有其他的可能性。可如果你积累了更多的优势，你就会发现，选项不只有这两个，甚至可以获得更多。

假如你曾是一位职场妈妈，为了照顾年幼的孩子不得不放弃稳定的工作，如果你有每天早起阅读和写作的习惯，积累了大量的知识和见解，你就多了通过做"内容输出"的副业获得收入的选项。同样，假如你是一位依然坚持奋斗在职场的妈妈，你每天陪孩子读书，让他养成了自主学习的好习惯，不需要你时刻督促和约束，那么在你事业上升的关键期，你就能把大量精力倾斜在工作上，在这个两难局面上从容着陆。这些选项都是从日常不起眼的小事情、小习惯中积累起来的。当你积累的优势足够多时，你就可以不断地发挥主观能动性，找到解决办法。这就叫"选项决定质量"。

日常的小选择最重要的意义在于不断地积累优势。当你面临人生的大选择时，更多的选项让你闭着眼睛选，个个都能赢。

比如，你日常注意积累行业资源，经常抽出时间参加业界交流。当你准备出来单干时，你可能收到很多橄榄枝，邀请你成为合伙人。

第四，一定要防范那些让你无法翻盘的错误选择。

投资人喜欢说的一句话是"投资这个游戏的第一条规则就是你能够玩下去"（The No.1 rule of the game is to stay in the game）。

要想持续做出选择，有一个前提就是我们不能"翻船"。这意味着无论怎么选，我们都必须躲开危险的暗礁。哪些东西碰不得，什么情况下一定要留后手，这些在选择的过程中也是重要的课题。

错误的选择有可能让你一蹶不振，甚至直接出局。

比如万科集团的郁亮在房地产低迷的大背景下说"先要活下去"。活下去才有希望，才有选择。

特别需要注意的是，造富神话中经常提到"All in"（孤注一掷），"All in"就是需要重点防范的错误选择。心态上需要破釜沉舟，但选择上不能孤注一掷。我们看到的是"一将功成"的幸运儿，看不到的是"万骨枯"的大多数人。

—— 访谈案例 ——

　　伟贤（化名）是一家广告媒介公司的老板。大学时他不顾家人反对选择了自己喜欢的中文系。毕业后，他在腾讯工作了7年，然后辞职当起了奶爸。在家带娃期间，他混迹于各类学习社群。2021年，他帮熟人对接广告媒介资源，约定好的佣金熟人只给了零头，这让他很生气。为了打官司，他深度了解广告媒介产业链的上下游，然后放弃打官司，开了一家小的广告媒介公司，专门从网上接大公司转包的订单。借助多年的资源积累和娴熟的业务能力，他一年保守估计有80万~100万元的纯收入。公司只有他一个人，平时主要靠线上会议对接项目。他略带谦虚地说："这个行业就是中介，只要有客户资源谁都可以做。"我问他："那还有资源比你更好的，为什么你比他们做得好呢？"他有点骄傲地说："外面那些大多是草台班子，只会当传声筒。我好歹是大厂出来的，在沟通、流程、时间节点的把控上让客户感受到的是几百人大公司的标准和规范，而且我不跳单，口碑好，老客户相互介绍，生意自然不差。"谈起近20年的职场生涯和选择，他说最重要的经验是在有保底的情况下跟着自己的内心走，多尝试，机会往往在意想不到的选择中。

—— 推荐好书 ——

《原则：应对变化中的世界秩序》，瑞·达利欧，中信出版集团，2022年出版。

　　有些人用一生写一本书，这本书凝结了他毕生的智慧，比如《原则：应对变化中的世界秩序》。这本书已经大火，这里我想谈谈怎样用好它。首先，去网上搜索"《原则》动画"，瑞·达利欧请团队专门做了一部约 28 分钟的动画，生动地阐释了书中精华。看完之后再去读原书，能让你把握主线。其次，书中列举的原则分为三部分，林林总总，很多并没有展开解释。你可以时不时翻阅一下它，会有意外的收获。最后，如果按照书中的方法试验的结果不尽如人意，有可能是行业问题。《原则：应对变化中的世界秩序》中的工作部分更适合智力、创新行业，这点完全是个人见解。总之，这是一本值得反复阅读的好书。

　　推荐理由：不用复刻达利欧的原则，想办法找到自己的原则。

5.2　难而正确

在信息不足的情况下如何做出正确的选择？

选择做大事还是做小事？

是否要挑战更困难的事？

面对两条路，不知道如何选择时，难的那条更有可能是正确答案（见图 5-2）。

面对两条路不知道如何选择时，难的那条更有可能是正确答案

图 5-2　难而正确原则

你是否有过这样的体会？多年之后同学聚会，按照主流价值观来看班上发展最好的人，往往不是当年成绩好的学生。成绩好的学生很少有混得差的，毕竟学历和能力在那里摆着，但也很少有混得特别好的。

为什么会这样呢？

成绩好的学生倾向于选择通往成功的笔直道路。以我周围成绩好的学生为例，他们大多去留学，去五百强企业，去投行私募，最终成为中高管。在经济大环境的波动中，有的人也面临裁员等现实压力。他们都活成了普通的中年人。

反而是有些当年不起眼的同学，现在成名成家，或者当了大老板。

为什么次次都选择笔直的大路却无法获得想要的成功?

因为笔直的大路不一定好。

笔直的大路一般都是成熟的道路。所有人都看得见,千军万马挤过来,再宽敞的路也成了独木桥。成绩好的学生对自己的能力有信心,都希望选择看起来风险最小、收益最高的路,大学选最热门的专业,考最知名教授的研究生,去最有实力的大企业,选收入最高的岗位。慢慢地他们发现自己越来越依赖公司和平台,选项也越来越少。

已故的知名企业家,链家、贝壳创始人左晖说过:"做难而正确的事。"

难是多维度的,不仅是事情挑战性高、竞争激烈,也包括事情前景不明朗、思考难度大,甚至大部分人都看不到还有其他选项。

正确也是多维度的,能挣钱、收益高是正确,给社会创造价值、给他人带来幸福是正确,实现自己的梦想、追求热爱也是正确。

以左晖创立的链家、贝壳为例,在地产中介行业鱼龙混杂的大环境中,坚持推广真房源,坚持不吃差价,花大量时间、金钱建立房源数据库,就是"难而正确的事"。

为什么面临选择时一定要选"难而正确的事"?

一是一直做容易的事情会让你的选项越来越少。

世界上最容易的事情就是随大流。不需要动脑筋,不需要独立判断,跟着大部分人走,天塌下来砸大家。做投资的人都知道,和大部分人的选择一致是挣不到钱的。

所以在思考上做容易的事情,会让你错失机遇。

在挑战上,对过程负责比对结果负责容易。对过程负责,每天按时上班,完成老板布置的工作,对工作不满意跳槽去下一家公司。对结果负责,每天都要想办法解决问题,除了老板布置的工作还要自学其他知识技能,对工作不满意要思考各种可能性。

如果一直都选择容易的事情,只对过程负责,那别人将对你的结果负责,主宰你的命运,你的选项就越来越少。

曾经有朋友和我抱怨好项目总是轮不到自己。我说,你有主动向领导争取吗?你都不主动争取,难道指望领导把好项目送到你手里? 一次争取还不够,要多次争取，拿到好项目并做好，下次再拿到更好的项目。

一直做容易的选择，坚持一二十年，人生的选项慢慢就会越来越少。

哪怕是普普通通的宝妈，选择不同，成长也不同。有些选择了所谓的"躺赚"项目，不需要太多学习，只需要一键转发，最终停留在群主阶段，每个月收入也不高。而另一些选择了更困难的方式，学社群运营、学商业运作、学自媒体，哪怕是简简单单地推荐图书，也会实拍、实测，写一篇质量很高的推荐文案。她们慢慢地越做越大，收入是前者的 10 倍不止，有的甚至成了知名的读书博主、育儿专家。

查理·芒格说："你想要得到什么东西，最好的方式就是配得上它。"

选择容易的事情，路会越走越窄。

选择困难的事情，路会越走越宽。

二是做大事和做小事的难易度其实差不多，做大事更划算。

做大事的难度可能是小事的 2 倍，收益却可能是小事的 100 倍。从性价比的角度，更应该做大事。

我很认同世界顶级投资公司黑石集团的创始人苏世民的说法："问题越困难，你的建议就越有价值。为人人避之不及的难题提供解决方案，才是竞争最小化、机会最大化的领域。做大事和做小事的难易程度是一样的。所以要选择一个值得追求的宏伟目标，让回报与你的努力相匹配。"

举例来说，很多男性认为全职妈妈的工作很简单，不就是在家里带孩子吗？事实上我接触到的全职妈妈没有一个觉得事情简单的。她们都说做全职妈妈比上班还累，比之前在企业里做高管还难。最糟心的是付出了这么多还得不到认可。

我接触过的好几位全职妈妈，她们索性更加深入地钻研，把做妈妈的育儿经验总结出来，写成书、做成课，成了小有名气的育儿专家、母婴博主。这叫把小事往大了做。

大事，要求比较高。要求高才能把其他人挡在外面。每多往前走一步，同行者就少一批。去啃那些没人敢啃的硬骨头，去做困难的事，才有可能开辟出一条道路，找到自己的蓝海。

同样都是做儿童教育的，你有没有可能写一本书？有没有想过做一个 10 万级粉丝的抖音、视频号账号？有没有信心冲击某个国家级的奖项？

如果你满足于辅导和培训朋友圈里的熟人、老用户，你的天花板就太低了，再怎么努力，回报也有限。敢于选择大事、难事，这是一种智慧。

选择大事，不是好高骛远，而是立意深远。有一个方法，我个人觉得很好用：

无论做什么事情，在开始之前，都要想尽办法为这件事情赋予极其重大的意义。

做客服处理售后问题，我会仔细询问用户的体验，了解产品的问题。在我的脑海里，我不是在做客服，而是深度调研用户需求，这是难得一遇的产品改进机会。

做分享，给其他社群介绍经验，我会反复打磨内容，必须给客户带来耳目一新的价值感。同样，我也会认为，这是一次十分重要的分享，以后每一次分享都可以在此基础上不断改进，如果一次分享能让我交到 10 个新朋友、找到 10 个目标客户，这就是我未来最重要的获客途径之一，能不用心吗？

三是面对两条路，不知道如何选择时，难走的那条更有可能是正确答案。

在探索的路上，我们经常需要在缺乏信息的情况下做出选择：一条是容易走路，另一条是难走的路，你会如何选择？

我访谈过的一位老师，当时也面临同样的选择。她想做公众号，一种方法是请人帮忙，从网上找到不错的文章，对其进行转载或修改；另一种方法是自己挤时间原创。这位老师都试了一下，第一种方法不仅简单而且涨粉快，而第二种方法费时费力，涨粉还慢。如果是你，你怎么选？

要知道当时的情况还非常不明朗，这位老师也没有可供参考的对象，最终她选择了更难的原创，可能是她内心还有一些坚持。后来，很多同时期做公众号的朋友都已经有十几万名粉丝，这位老师还只有不到 1 万名粉丝。其他人开始接广告了，这位老师连变现路径都找不到。情况发生变化是在 5 年后，因为短视频的兴起，其他转载类账号的广告收入锐减。这位老师无论写什么内容，阅读量都稳定在 2000 以上。她尝试开发了一门课程，仅靠公众号每个月就稳定变现 20 万元。

为什么在信息不足的情况下，难走的路更有可能通往成功？

因为这是反直觉、反本能的。大部分人会选择容易走的路，因为很快就能知道行不行得通。你现在之所以没有定论，犹豫不决，是因为对容易走的路带来的结果并不满意，而难走的路前人还在路上。最好的办法是克服好逸恶劳，果断选择那条难走的路。

⸻ 访谈案例 ⸻

　　徐志斌是《关系飞轮》《小群效应》《社交红利》等商业畅销书的作者。他的书以逻辑严谨、数据扎实著称，很多读者感叹他到底是怎样找到如此多的深度案例的。我和徐老师相识于2016年，彼时他正在写作新书，我在他的专业读者群里做"小白鼠"试读，有幸从头至尾见证了他的创作过程。后来我多次同他深度讨论如何写出一本好书。徐老师说他的第一本书是被"推着"写出来的。2010年他在腾讯工作，和很多职场人一样，每天面对大量的外部合作伙伴，不断被问着同样的问题。于是他想到写一份指南，按照一定逻辑记录整理这些问题。合作伙伴们觉得这份材料特别扎实，问他为什么不出版呢？于是他就出版了第一本书《社交红利》。第一本书的成功，让他逐渐形成一套调查记者式的写作方法论。首先，发现行业中的某类现象并做出假设，比如超级用户越来越重要。其次，列一长串清单，从游戏、体育、电商、房产、旅游、婚恋、阅读等各行各业，一家一家地找典型企业访谈，动用个人影响力请他们分享内部独家数据。最后，不断地找从业者讨论验证数据，形成初稿，初稿会邀请同行和读者试读来反馈意见。最终一本书需要打磨两三年。徐老师在访谈中经常说"这个模型很漂亮"或者"这个案例很漂亮"，"漂亮"意味着投入大量时间精力做出让读者惊艳的内容。我曾经和其他想要写书的专家分享徐老师的写作方法论，大部分人都表示学不来。我很庆幸自己在写作第一本书前就接触到徐老师的写作方法，体会到慢慢磨出一本好书的成就感。

⸻ 推荐好书 ⸻

《详谈：左晖》，李翔，新星出版社，2020年出版。

这是《详谈》系列中我最喜欢的一本书，访谈的是链家、自如、贝壳的创始人左晖。可惜天妒英才，左晖早逝。地产中介行业是典型的水很深的传统行业，超低频、超高客单价，信息极度不对称，各方博弈，人员鱼龙混杂。买卖双方、不同中介之间，甚至中介公司内部都在斗智斗勇。这么一个难题摆在左晖面前，他选择了做"难而正确的事"，推真房源不吃差价，建立楼盘数据库。事后我们当然知道这是对的。在书中，你能看到这些决策在短期带来的阵痛；在前景不明朗时如何坚持选择看起来吃力不讨好的路径，如何保证自己不会在过程中被淘汰。访谈的好处是，焦点由自己选择，一本书就是一个语料库。一笔带过的一句话，可能就是你最大的收获，比如，左晖提到平台发展无非是在规模、效率、品质三件事情上达到一种平衡。就这一句话，对我思考"书里有品"的平台经营模式醍醐灌顶。

推荐理由：通过真实、复杂的商战案例讲清楚什么叫"难而正确的事"。

5.3　做出选择就是进展

遇到难以选择的情况怎么办？

哪些选择应该多花时间思考？

什么情况应该停止犹豫，立即行动？

做出选择就是进展，有六成把握就要行动。

古人说，谋定而后动。现实情况是，很多人光"谋"而不"动"，面对两个看起来各有利弊的选项时犹豫不决。

先做产品还是先做自媒体？花时间服务老客户还是开拓新客户？不懂的问题是自己琢磨还是花钱请老师？要不要在抖音 / 视频号 / 小红书上做账号？

商业社会瞬息万变，如果你还在为选择举棋不定，你可以在脑海里想象一幅场景：有人递给你一支雪糕，你在犹豫要不要现在吃，吃了会不会坏肚子，吃的话吃多少……无论你做什么选择，犹豫太久，雪糕就化了。

做商业需要有进展，做出选择就是进展。有进展，才有可能性。

为什么说做出选择就是进展（见图 5-3）？

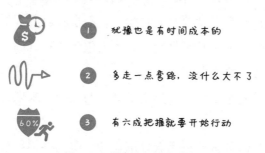

1　犹豫也是有时间成本的

2　多走一点弯路，没什么大不了

3　有六成把握就要开始行动

图 5-3　做出选择就是进展

第一，犹豫也是有时间成本的。

人生就像一张考卷，最差的选择是不做选择。对于重大选择，我们要留好一定的考虑时间，时间到了，强迫自己做出决定。对于普通选择，不要犹豫，当机立断地做出决定，锻炼自己的判断能力。犹豫的成本可能远远高于任何一个选项。

比如，你是否遇到过这样的情景？开会讨论方案，大家各抒己见地讨论了 1 小时，最后拿不定主意。于是，领导大手一挥并说："我们回去再想一想，下次继续讨论。"等到下次讨论时，时间已经很紧了，前面争得面红耳赤的细节突然不重要了，只求在规定时间内能做完，最后方案草草收尾。

又比如，有朋友问我，做抖音号还是做视频号好，我给了建议，并坦言如果有时间可以两个一起做。过了一个月，这位朋友详细调研了不同情况的优劣，找我继续讨论。我说，你有这个工夫，早点动手，可能都已经稳定更新了。

遇事犹豫不决，往往是对最佳解决方案有执念。其实，成功不需要最佳解决方案，只需要在规定的时间内找出较优的方案即可。

能谋善断自然好，能谋能断也不差。最怕的是好谋无断，比较来比较去分析得头头是道，就是不做决定。

第二，多走一点弯路，没什么大不了。

有些人迟迟不愿意做选择是因为害怕错误。有一个好办法：预估错误可能带来的最严重的后果，如果可以接受，就大胆选择；如果不能接受，做好风险控制之后，再大胆选择。

选错了又会怎样？不就是多走一些弯路吗？没有什么大不了的。而且弯路是不会白走的，放在更长远的时间线上看，都是必要的锻炼。

比如，你在刚开始尝试做副业的时候，一不小心遇上了不靠谱的项目，亏了几千元，很心痛。但后来生意越做越大，遇上包装得更好的不靠谱项目，你有经验了，能避免十几万元的损失。

还有一些选择看起来是弯路，其实是命运的馈赠，未来有可能发生奇妙的化学反应。

比如，我当年入职的咨询公司有培训业务。咨询公司一般不招本科生，我当时以本科生的身份加入公司，注定要干很多打杂的活，比如给培训讲师做助教。

在当时看来，干助教工作学不到真本事，既浪费时间，对职场晋升也没有帮助。若干年后，当我创业失败，被迫需要营业，当培训讲师时，我突然发现我对讲课的工作轻车熟路，在做助教时已经看会了。第一节课，客户就把我当作成熟的讲师。

第三，有六成把握就要开始行动。

投资需要择时，商业需要见机。如果凡事都等到有 100% 的把握再行动，黄花菜都凉了。我们必须放弃一部分安全感和确定性来换取机会。早点尝试，只要有六成把握就要开始行动。

比如，早几年如果你想做社群裂变活动，比如转发海报到朋友圈等，还是比较简单的。当年愿意尝试的人现在已经积累几万甚至几十万名用户。但现在用户对此类活动已经司空见惯，微信的审核机制也更加严格，社群裂变活动设计得再好，效果也大打折扣。

早期的六成把握会因为先发优势慢慢变成八成把握，晚期的八成把握也会因为竞争博弈打折成三成把握。

比如，有一位普通的英语老师率先尝试在视频号上教英语，那时候视频号没有什么优质内容，他虽然各方面都不算出彩，但也很快积累了大量粉丝。各路专家看到有机会，纷纷下场，其中有专业的英语名师、同声传译译员、国际频道主持人，但这时候竞争已经白热化，那位普通的英语老师也早已配备专业的团队，一路领先，很难被超越。

───　访谈案例　───

　　奉奉子玲是一位经历丰富的女性商业顾问，目前既是国内最大活动发布平台互动吧的合伙人，又是粉丝众多的女性自媒体博主。她有过多段跨度相当大的工作经历。2007 年，她从中国传媒大学毕业后没有选择影视行业，而是去了商业地产行业，作为核心成员参与过北京地标商业中心的搭建。怀孕离职再复出时，她选择加入创业公司。像每个妈妈一样，她希望兼顾工作和育儿，于是她在中国科学院心理研究所读完了发展心理学的在职研究生。

2016 年她自己创业做儿童早教。2018 年她选择退出，开始做自媒体，巅峰时坐拥 60 多万名粉丝，成为多个平台育儿频道的特邀专家。2021 年有着千万级粉丝的大平台互动吧向她抛出了橄榄枝，她正式加入并成为合伙人，负责运营新媒体矩阵。在多数人看来，奉奉子玲个人发展的选择颇为跳脱，但她自己不这么认为。她说，她是很感性的人，任意两段职业选择之间没有什么间隔和犹豫，想做就去做了，回过头看她也不后悔。人生每一步都算数，每一段经历都在为下一阶段做准备。哪怕失败了又怎样呢？自己有兜底的信心，有热爱、有成长，就够了。人生不就是沿着一个大方向曲折前进吗？任何选择，只要是自己想做的，中间走一点点弯路都没有问题，最重要的是往前走。

─── 推荐好书 ───

《拆掉思维里的墙（白金升级版）》，古典，中信出版集团，2021 年出版。

在个人生涯规划领域，古典老师对我的启发最大，这本《拆掉思维里的墙（白金升级版）》是古典老师的成名作。书中提到别做完美的职业规划。古典老师曾经遇到一位咨询者求助，他希望看清未来 30 年、10 年、5 年、1 年分别该做什么，每一步该如何做。这个诉求说出来，大家肯定觉得不切实际，但在面临自己的重要决策时，我们也会下意识地希望未来 3 年、5 年有清晰的目标和路径。书中指出，发展需要和变化结合，过于明确的目标会让你对新出现的机会视而不见；保持对未来的憧憬，生活会带给你意想不到的惊喜。当然这本书中的内容远不止于此，有些书教你如何达成目标，而这本书教你如何找到目标。这本《拆掉思维里的墙（白金升级版）》广受好评的原因不仅是它好读、好懂，还有它能让你在焦虑、迷茫时看清人生真相，学会为自己负全责。

推荐理由：个人生涯规划领域的经典。

5.4 长期主义

什么是长期主义？

为什么要坚持长期主义？

怎样培养长期主义的思考方式？

"把时间和信念投入能够长期产生价值的事情，尽力学习最有效率的思维方式和行为标准，遵循第一性原理，永远探求真理。"

这是张磊在《价值》开篇写下的一句话。

为什么放着到手的钱不挣，去做一些短期看不到结果的事情？为什么要拒绝好的发展机会，只为坚持不知道能不能实现的目标？

在商业环境瞬息万变的今天，长期主义几乎成为所有成功者的共识，是普通人和超级个体的分水岭。

如果泛泛而谈，长期主义可以成为所有不作为的借口。人们可以说所有短期来看虚度光阴的事情，长期来看都有意义。但是，我们需要的是可操作、有效果的选择依据。因此，拆解并培养长期主义的思考方式才有意义。

那么，到底什么是长期主义？如何培养长期主义的思考方式呢？

展开来说，有三个要点（见图 5-4）。

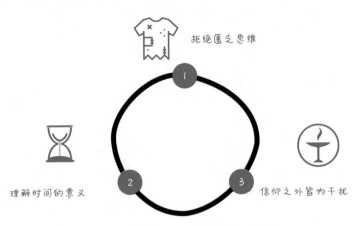

图 5-4　培养长期主义思考方式的三个要点

一是拒绝匮乏思维。

匮乏思维，又被称为"贫穷思维"，准确地说叫作"心理贫穷"思维。

匮乏思维有两个特点。

1. 有付出就希望马上有回报，不能马上有回报的事情不愿意干。

2. 当一个机会出现时，首先考虑的是它的风险，而不是收益。

一旦你默认选择这样一种思维方式，大量的机会和财富都会与你绝缘。

比如，普通人想挣钱，大多选择在社群、朋友圈里带货。只要有人购买，立刻就有佣金回报。但是还有很多事情没法立刻看到回报，例如在社群里做分享、主动和用户交流、打造个人品牌等。如果放弃做这些事情，你的收入增长会非常慢，会一直停留在每个月几百元的水平。渐渐地，你会觉得发朋友圈也没有意义，这件事情不值得做。

其实不是不值得做，而是只做立马有回报的事情，长期来看效果不好。

穷和忙往往相伴相随。有一本书专门讲匮乏思维，叫作《稀缺》（其实个人认为翻译成"匮乏"更准确）。两位知名教授研究为什么有的人会越来越穷，而有的人会越来越富，结论是匮乏思维导致贫困。

因为没有钱，所以要把注意力全部集中在挣钱上，时刻处于忙且焦虑的状态。因为没有时间，需要关注的东西又太多，所以判断力下降，容易做出错误决定，一直都处于"很赶"的状态。

拒绝匮乏思维是一种态度。想要真正摆脱匮乏思维还需要具体的行动。

第一，减少琐事上的投入。看透哪些事情不重要，不要为此消耗太多的精力和思考。这是跳出来的开始。

第二，开源节流。保障基本生活，才有底气把目光放长远。过简单的生活，不要被消费主义裹挟。

第三，对自己的未来有信心。相信以自己的能力和努力，未来值得期待。

二是理解时间的意义。

时间是长期主义最重要的变量。理解时间的意义，才能真正理解长期主义。

首先，时间能产生复利。用储蓄的心态对待生活。每天多学一点点，多探索一点点，多认识一个朋友，多获得一个用户，多巩固一个好习惯。这些不起眼的点点滴滴，在时间的发酵下，最终化为巨大的优势。

回想起来，我已经连续 10 年每周锻炼 4 次，连续 800 多天早上 6 点多起来看书写作，连续 1500 多天写复盘日记。这些事情并没有占用多少精力，但日积月累带来了巨大的改变。

其次，时间能检验价值。有些事物随着时间的流逝会越来越有价值，比如，个人品牌、用户积累、处理问题的能力。而另一些事物时间越久越不值钱，比如职位、荣誉、快速被更新的知识。

最后，时间是最好的复盘。如果不去复盘和迭代，长期主义很可能就成为思维和行动懒惰的借口，变得毫无意义。比如，有人有看书学习的好目标，但不付诸行动。有人经常发朋友圈制订计划，却没有跟进执行，计划也不了了之。人的惰性决定了，缺乏复盘的长期主义约等于随心所欲、得过且过。

很多时候半途而废是因为看不清前方的道路。养成复盘的习惯，过往的经历会告诉你成功的距离。

比如，我曾经因为写作，放弃了不少挣钱的项目，复盘过去 5 年的经历，写作带来的收获无论财富回报还是长期价值都远远超过写作前。因此，哪怕新书写作会挤占不少工作时间，我也义无反顾地投入。这是复盘过往给到的信心。

历史不会完全重复，但总会惊人地押着相同的韵脚。复盘过去，看清未来。

三是信仰之外皆为干扰。

当你已经十分清楚自己的信仰是什么时，其他所有事情都是干扰项。

用户购买产品后过了很久才跑过来退货，你是退还是不退？

如果你认为用户是信仰，自然会选择和用户做朋友。多花时间和用户交流，了解他们的需求，不断向外拓展和获取新用户。假设每个用户都会陪伴你走过 5 年、10 年，吃点小亏没关系，让用户体验好才是王道。所以你一定会选择退货。

产品销量不佳，你是加大宣传力度，还是暂停推广，回头优化产品？

如果你认为产品是信仰，那应该会选择集中力量做爆品，找出产品真正的差异化定位，不放过每一个细节，反复试验，优化迭代，直至产品自己就能销售自己，好到用户主动推荐。

有人建议你批量生产低质量内容，这样能够快速涨粉，你是追逐流量还是坚持原创？

如果你认为内容是信仰，就找到自己喜欢且擅长的内容创作形式，持续稳定地输出优质内容。你希望理解用户的偏好，掌握平台的规则，提高内容生产效率，积累粉丝，成为头部内容 IP。所以你一定会选择坚持原创。

与信仰无关的事，无论看起来如何诱人都是干扰项。

比如，你想好好做内容，打造自己的账号，结果有老板找过来，花高价请你帮忙代运营和孵化他的账号。你接不接？如果想挣钱，应该接，甚至可以专门开发一条账号代运营的产品线。但仔细想想这块业务并不在你的长期规划中，果断放弃。

以我自己为例。当我坚定地相信未来是超级个体与超级组织的时代时，我不再接大型企业的咨询项目，而是专注于当好私人商业顾问。企业客户想做咨询项目，我会推荐其他信得过的顾问朋友。

──（ 访谈案例 ）──

　　青青（化名）是一名自由职业者，也是一位典型的斜杠妈妈。5 年前，她离开职场回家做全职妈妈。2 年前，她开始学习做社群团购的团长，运营了 3 个 400 人左右的社群，每个月有七八千元的收入。此外，她还和朋友合伙开了一家绘本馆，主要由朋友打理，她负责线上运营。就是这样一位普通得不能再普通的妈妈，却吸引了我的注意。我发现经常能在各类课程学习群里看到她。每次课程结束后她都会把要点整理成思维导图发到群里，并配上一段自己的学习心得。日子久了，每一位老师都特别喜欢她。我曾私信问她，是不是想通过分享笔记连接更多朋友。她说，没有想那么多，读书的时候就很喜欢做笔记。她偶然发了一篇笔记，很多同学主动加她为好友，于是她就养成了学习完立马分享笔记的习惯。虽然微信上有 8000 多名好友，但她也不知道有什么用。一个月前我再次遇见她时，她又多了一个新的身份，某位知识 IP 老师的运营合伙人。她说，她想清楚了，自己最喜欢的事情就是学习。以前每年要花好几万元报课程学习，现在不仅免费学习，每个月还能挣好几万元。后来我从她的老板那里了解到，有一次青青在朋友圈分享自己的学习笔记并顺带推广了课程，一下子有 30 多人报名。青青的老板本来就对她印象深刻，马上意识到她是做课程运营的绝佳人选。结果证明，这是一个无比明智的选择。青青积累多年的学习圈好友、到位的沟通能力、丰富的知识沉淀，让她如鱼得水。现在青青的老板最担心的事情是有人要挖墙脚，准备年底再送给青青一部分干股。

───　推荐好书　───

《刘擎西方现代思想讲义》，刘擎，新星出版社，2021 年出版。

为什么要在长期主义的章节推荐一本讲哲学的书？长期主义说起来简单，就是把目光放长远，不要盯着眼前的利益。但概念被无限泛化之后也面临意义的丧失。如果保持耐心就等于长期主义，那守株待兔是不是长期主义？你看，在真实世界里我们之所以很难做到长期主义，是因为我们对于价值和意义的排序各不相同。刘擎老师的这本《刘擎西方现代思想讲义》就是解决价值和意义问题的。要知道我们今天遇到的人生难题，几百年前的人也遇到过。价值和意义的困境并不会随着时代的发展而消失。做一个清醒的现代人，明白自己是谁、自己在做什么，以及为什么会这么做，很有必要。在你的格局打开后，眼光自然放得更长远。

推荐理由：很多想不通的问题这本书里可能有答案。

5.5　先胜后战

努力和运气哪个更重要？

怎样保证努力不白费？

怎样降低决策的难度？

挖掘自身优势，提高成功概率，选择上升的点线面体，朝着一个方向积累产业资源。

做到以上四点，剩下的就交给运气吧。

也许你听过这样一句话："不要用战术上的勤奋掩盖战略上的懒惰。"什么是战略？什么是战术？

我个人理解，战略是积累优势，战术是发挥优势。

不管是做短视频、直播还是社群，都属于战术层面，真正重要的是提升自己专业能力的稀缺性、设计合适的商业模式作为杠杆、坚持长期主义持续建立优势。但战略说起来不如战术具象和精彩，总结起来就是四个字：先胜后战。这四个字也是《孙子兵法》的核心思想。

强调以强胜弱，而不是以弱胜强。通过积累优势，在开战前就已经奠定胜局。重点应该关注基本面，而不是操作面。

具体如何做到先胜后战（见图 5–5）？

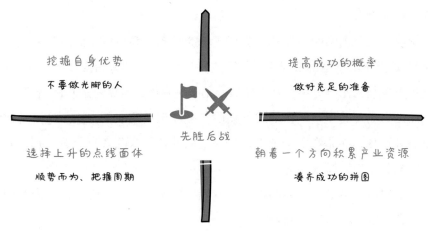

图 5-5 先胜后战的四个关键

一是挖掘自身优势。

俗话说，光脚的不怕穿鞋的。在真实的商业环境中恰恰相反，穿鞋的不要把鞋脱了和光脚的在同一水平线竞争，不要做光脚的人。有专业能力、有资源的人不要抛弃自己的优势追逐热点。

举例来说，如果你是热爱阅读的妈妈，在拍短视频时就不应该盲目追热点，而是要围绕多年的阅读积累，分享差异化的内容。如果你是经验丰富的老师，借助不同的话题展示自己的专业能力就是内容创作的出发点。

充分挖掘自己的优势。仔细思考有哪些是别人短期内无法模仿的护城河。可以是你独特的经历，可以是能被感知的专业水平，可以是积累多年的口碑，可以是行业的人脉资源。

除了外在条件，内在动机也是优势。什么是自己热爱且擅长的事情？樊登老师说他就是享受做读书分享这件事，于是把读书做成了事业。选择热爱，起手便多了几分胜算。

二是提高成功的概率。

成功是一个概率事件，我们能做的只有不断提高成功的概率，增加尝试的机会。

我访谈了百余位超级个体，他们把成功总结为各种各样的经验。平心而论，大部分属于相关关系而非因果关系。也就是说做同样的动作，有些人拿到了结果，而有些人没有。

只能说，每个正确的动作都在提高成功的概率。哪怕概率提高到 80%，还是有可能一无所获。事情的成功和太多因素相关，这些因素能被人了解的比例很小，能被人控制的比例更小。我们能做的是提高赢面，也就是成功的概率。

怎样提高成功的概率？在正式下场前，做好充足的准备。注意，不是做好充足的准备才下场，而是在下场前就做好充足的准备。这两者有天壤之别。简单来说，要时刻都在为下场做准备。

你读过的每一本书、学会的每一个技能、积累的每一点进步，在需要的时候都能被组合成解决问题的必备条件。

人生的每一次努力都不会白费，哪怕这次没有拿到结果，积累下来的能力和资源也会让你下一次成功的概率更大。

所以，不要被问题牵着鼻子走。按照自己的节奏，学习、成长和积累，机会来临时当仁不让。

三是选择上升的点线面体。

个人的努力抵不过时代的车轮。这是一个讲求顺势而为、把握周期的时代。卖房创业、卖房炒股，经常被当作反面典型。理解个人与行业、产业、周期、时代的关系，先选择上升的基本面，再努力，让每一分耕耘都不白费。

什么叫点线面体？知名产品专家梁宁讲过一个生动的案例。有一对双胞胎，在 2010 年一起大学毕业，一位加入腾讯，另一位进入报社。两人一直十分努力，没有换工作。请问凭直觉，现在谁的发展更好？

大概率，去腾讯的那位已经年薪百万，成为中高管。去报社的那位，因为纸质媒体行业整体日薄西山，他所依附的整个产业都前途不明了，只能考虑另选赛道。

故事到这里其实没有结束，根据我真实的访谈案例，情况或许会出现惊人的反转。如果 2018 年报社的那位实在受不了行情，转行自媒体，赶上短视频、直播行业红利爆发，积累多年的内容能力可能让他成为自媒体大 V。而互联网行业面临寒冬，腾讯股价只剩巅峰时期的 1/3 不到，腾讯的高管也面临优化裁员。

点，代表个人的能力和努力；线，代表专业的发展前景；面，代表行业的红利周期；体，代表产业乃至更大层面的趋势。

要想获得第一桶金，必须把握一次线性的周期收益。比如，2014 年做公众号，2015 年前后买房，2018 年做短视频，2020 年做直播等。

要想跨越阶层，必须借助面和体的崛起。

高科技行业，比如生物医疗、智能制造，是国家在政府工作报告中给你指明的方向。如果你的专业契合，就咬定青山不放松。如果你的专业不在高科技领域，你可以观察生产方式的变化，个体在崛起，组织边界在模糊，管理被弱化，赋能被反复提及。如果能早点看懂个体的未来前景，投身于个体发展也不失为好的选择。

四是朝着一个方向积累产业资源。

每一段经历的终点，都是下一段经历的起点。做生意就像拼七巧板，朝着一个方向积累产业资源，有更大机会凑齐成功的拼图。

比如，你是一位儿童教育老师。你经过系统学习，积累了专业能力；去机构任教，积累了教学经验；从机构离职，自己开了一家培训机构，积累了机构运作经验；疫情来了，去线上直播，积累了新媒体经验。

如果当初你当了一段时间老师，就转行卖保险，或者和别人合伙做餐饮，虽然也可以积累经验和资源，但多年下来手头的资源五花八门，无法形成合力。

除了围绕某个行业，你也可以选择围绕某个人群积累产业资源。比如，我认识的很多宝妈，围绕自己熟悉的宝妈人群积累资源，几年下来积累几万名用户，也有的选择围绕家长人群、老板人群、高净值人群。

长期围绕某个行业、某个人群深耕，比追逐热点趋势更容易成功。短视频、直播、社群不断有新的获客方式出现，也许一时没有赶上，这不要紧。随着产业资源的积累，还有机会赶上下一个爆发点。

反过来，追求打法，不断在各个行业间横跳，一时收益也许不错，但长期来看，会越做越辛苦，疲于奔命半刻不得闲。

—— 访谈案例 ——

思懿（化名）是一名新媒体工作室的老板，在访谈她不久前，她还在公司上班。在大学期间，她做过一段时间公众号。毕业之后，思懿选择了一家中型新媒体公司的商务岗位。她的主要工作是帮品牌方找合适的达人，帮达人找品牌方和货源。她在圈子里的人缘相当好，虽然身处很关键的岗位，但是她从来不怠慢任何人，有时间也会顺手帮点小忙。她拉了一个同业社群，群里都是各家公司的商务人员，有一些粉丝量不多的达人和预算不够的品牌方，自己公司不感兴趣，她会介绍给其他愿意接的同行。随着直播的火爆，她敏锐地觉察到机遇，准备自己创业。离职的时候，她一个大客户都没有带走，因为她自己心里清楚根本不需要，这些年光是她加到微信上而公司又看不上的客户已经足够她服务了。在访谈她的时候，我感受到她是一个思路很清晰的人。她说，当时进公司的时候，有好几个岗位可以选，她一眼就看中了商务岗。这是一个内外部衔接的岗位，也就是俗称的"资源位"。因为公司的背景足够好，很多厉害的人都围着自己转，自己学习成长也特别快，当然也顺带获得了大量行业资源。同样是开新媒体工作室，与其他人不同，思懿从第一个月就开始挣钱，特别轻松。

──── 推荐好书 ────

《华杉讲透〈孙子兵法〉》，华杉，江苏文艺出版社，2015 年出版。

我们现代人读《孙子兵法》肯定不是用来打仗的，大多希望汲取智慧谋略，指导商业和投资。华杉老师深谙国学，又将其应用于商业实践多年，可谓知行合一，是《孙子兵法》的绝佳解读人选。这本书的开篇就足以体现作者的水平，先讲价值观：《孙子兵法》的"计"不是奇谋巧计，而是对基本面的计算；《孙子兵法》不是战而后胜之法，而是先胜后战之法。华杉老师发挥创作品牌广告多年的文案功底，把复杂的军事语言，翻译成朗朗上口的商业口号。比如，"心里装着对方的利益，并让对方知道"，这句话的原文是"将者，智、信、仁、勇、严也"，有时候读起来让你拍案叫绝。华杉老师说："我读兵法会把自己代入，假如我是他，我怎么做？"拿起这本书，和华杉老师一起做一盘大型商业沙盘模拟吧。

推荐理由：兵法版的商业案例集。

5.6　投资于人

如何处理商业中复杂的人际关系？

如何与人合作？

如何获得贵人相助？

人是一切价值的创造者。

与善者为伍，与智者同行。

所有的商业活动归根结底都离不开人。虽然我们强调超级个体自身的卓越能力，但现在早已过了单枪匹马的时代。舍得花时间在人身上，依托协作的力量，寻找长期合作的盟友，都是成功之路上的明智选择。

创业多年，我发现周围长期合作的朋友来来回回都是一批人。在访谈超级个体的过程中，不少人都相互熟识，在不同的圈子里有交集。

张磊把投资的商业生态概括为"人、生意、环境和组织"。人是原点，生意、环境和组织都是由人发起并组成的。不与外界交流的封闭系统终将慢慢冷却、消亡。离开公司，不等于离群索居。相反，敞开胸怀，拥抱外界优秀的人，是长期主义的最佳选择。

投资于人就是多花时间交际吗？优秀的个体是如何做到投资于人的？

分享三点感触最深的原则（见图 5-6）。

与优秀的人为伍
重视社会网络在
成功中的作用

释放善意，爱憎分明
释放善意信号
合作共赢

成为吸引贵人的体质
首先是个贵人
才能遇到贵人

图 5-6　投资于人的三个原则

一是与优秀的人为伍。

如果你认为和优秀的人在一起仅仅是见贤思齐，学习成长，那你想得还是太简单了。一个人的能力大小决定其能否成为高手，而能否成功则取决于社会网络。这是复杂网络科学家巴拉巴西在分析大量成功个体数据的基础上得出的结论。他带领团队非常细致地搜集了包括艺术、学术、体育、商业等各个领域中有关成功的数据，然后在一个更大的尺度上去分析它们。

同样都是高手，为什么有的人可以享誉盛名，有的人却默默无闻？

研究中巴拉巴西发现，如果能力表现可以测量，那么能力表现驱动成功；但当能力表现无法测量时，社会网络驱动成功。

例如，网球运动员的成功取决于强大的个人能力，因为网球有可测量的成绩；而艺术家能否成功很大程度上取决于能否进入顶级的社会网络。

对于大部分领域来说，个人能力很难被测量，比如老师、顾问、设计师、行业专家，因此重视社会网络在成功中的作用、与优秀的人为伍有着被科学验证过的现实意义。

其实圈子一直都很重要。一个人能否成功，不是个人决定的，而是整个社会决定的。

有人根据《纳瓦尔宝典》的内容总结道："这个世界的真相，即它的真实结构就是一层一层彼此交错的网。在每一层网络中，你接入的资源都是不同的。所以，每当你的能力上升一个层级，你都会接入更高一级的资源网络，这个时候会有更多、更好的资源被卷进来。"[1]

①　Lucylu. 纳瓦尔宝典［EB/OL］.（2022-10-28）［2023-02-12］.

二是释放善意，爱憎分明。

商业建立在合作的基础上。合作共赢是一门商业必修课。如何与人建立信任、如何找到自己的盟友，相当重要。

毕竟高考可能是你这辈子最后一次靠单打独斗赢得胜利的机会。作为典型的小镇做题家，真实商业环境给我上的第一课就是没有人在单打独斗，大家都在合作共赢。

当时我刚刚成立自己的咨询公司，项目投标连入围的资格都没有，因为所有投标都要求公司有相关项目经验。这就陷入一个先有鸡还是先有蛋的死局。在我一筹莫展之际，老同事热心帮忙，给了我联合做项目的机会；老客户把不需要投标的小项目放心地交过来。我到今天都一直感念于心。在那之后的 10 年间，我们经常相互介绍朋友和生意机会。

社会学家专门研究了在波士顿近郊居住的专业人士是怎样找到工作的。他找到 282 人，然后从中随机选取 100 人做面对面的访谈，发现 100 人中有 54 人是通过个人关系找到的工作。

有人感觉合作共赢很难，市面上也有不少教合作和人际关系的书籍。事实上，不需要学习如何合作共赢，只需要理解两个基本的原则。

第一，假设每个人都是好人，提前释放善意。

第二，爱憎分明，和好人结盟，远离坏人。

为了简单起见，我们把让自己变得更好的人定义为好人，把让自己变得更糟的人定义为坏人。

无论你是否善于社交，向每个你遇到的人提前释放善意。你可以称之为利他主义。能帮忙的尽量帮忙，态度谦和，不卑不亢。完全不需要区别谁是好人、谁是坏人，把帮忙的度控制在不影响正常工作、生活的前提下就好，也就是"顺手帮忙"。

这其实是在释放信号，让更多人看到，你是值得信任的合作对象。时间越长，社会信任度越高。最终你会被概括为"人品好"。

但是同时，在一段时间后，你需要回顾与潜在合作对象的相处情况。如果对方也是好人，你就走近一步；如果对方人品有瑕疵，时不时玩一点小动作，你就后退一步，谨慎处理，必要时采取以牙还牙的反制措施。

在博弈论经典《合作的进化》中，作者让 15 个博弈策略进行了 12 万个回合的大混战，结果胜出的清一色是主动释放善意寻求合作的好人策略，其中成绩最好的叫"一报还一报"，也就是我们所说的爱憎分明。获胜的关键不是打压对方，而是通过创造长期合作来实现共赢。

我访谈了这么多超级个体，最大的感受是，在与人相处这件事情上大家的处理方式都很类似，更多地强调利他、合作。另外从行为上来看，为人处世口碑不佳的人，大家嘴上从来不提，却心照不宣地把他们从合作名单上剔除。

三是成为吸引贵人的体质。

在人生路上我们都希望遇到贵人指点迷津，提携自己。什么是贵人？在成长的路上，总会有一些师长、朋友，他们的能力、阅历远胜于你，不求回报地给予你帮助和支撑。

有人曾经总结人生不同阶段的重点：小时候靠教育，青年时靠勤奋，中年后靠经营。好的机会都是人带来的，渴望结识贵人，无可厚非。

但是遇到贵人难道仅仅靠运气吗？还是需要长袖善舞的社交能力？

千里马常有，而伯乐不常有。贵人本来就是很稀罕的存在。努力去结交，也不一定有效果。

李笑来说过一个观点，我对此十分认同："**自己首先得是个贵人，才能遇到贵人，甚至更多贵人。**"

善良、温暖、勤奋、乐观、自信、有趣、爱分享、爱帮助别人，以及遇到问题也愿意寻求帮助。你能做到以上几点，无论处于什么阶段，都有人主动靠近你。

想把自己变成一个能吸引贵人的个体，除了变得更优秀，你也要学会求助。

求助不是讨好的艺术，而是正确展示自我的艺术。

"我很喜欢你，所以你必须帮我"，这不叫求助，这叫道德绑架。

比较好的方式是，先学会做一个好的关注者，对周围优秀的师长前辈们所说的内容积极回应，从用户的角度给予反馈。毕竟再牛的人也没有理由拒绝倾听用户的声音。

在需要帮助的时候，从最节约他人时间的角度，介绍事由和自己希望获得的帮助，以及最重要的自己潜在的价值点和合作点。按照文化习惯，你需要有一定的语言艺术水平。最好是讲一个简单的故事，不超过 500 字，包含以下 3 层意思。

1. 我是谁，我怎么认识您的。

2. 我出于什么原因想要找您帮一个什么样的忙。

3. 无论结果如何先向您表示感谢，如果今后在这些场景下有用得着我的地方，一定记得找我。

另外，最好想办法找朋友引荐，如果有中间人引荐，成功概率会大大提高。

访谈案例

　　李海峰是 DISC+ 社群（DISC 是一种全球百强企业都在用的心理测评和行为解读工具）的联合创始人。其实这只是他个人比较谦虚的提法，目前 DISC+ 社群是国内相当有影响力的社群之一，已经举办了 100 多期认证课程，有超过 5000 名认证老师。我访谈过的很多其他知名老师也是 DISC+ 社群的成员。我一直想了解李海峰老师如何把一个人力资源领域有点小众的理论发展为一个如此成功的社群组织，尤其是我了解到，整个 DISC+ 社群没有公司化运作，没有一名员工，全部是由往期学员作为志愿者组织的。最开始我有很多假设，是不是社群运营能力非常强？或者是因为产品和认证体系戳中了用户的痛点？在我深入社群体验并访谈之后发现，以上都不是最核心的原因，最重要的点还是落在人上。李海峰老师谈到，社群以课程认证为线索，一期期培训下来，学员遍布各大企业的中高层和知识付费圈，学员认可就会把课程介绍给他们的老板并推动合作。我自己在课程和社群中的体验是，DISC 课程认证只是线索，而社群会创造互帮互助、共同进步的氛围，让社群成员能够结识更多优秀的人。私下接触李海峰老师后，我发现他急公好义，热衷于牵线搭桥来帮助社群成员。我观察到他经常会说："我能帮你做点什么？"回顾发展历程，他说这种完全由社群成员自己运营并介绍新成员的发展模式是一种特别缓慢，但是特别有效的方式。

──┤ 推荐好书 ├──

《巴拉巴西成功定律》，艾伯特·拉斯洛·巴拉巴西，天津科学技术出版社，2019 年出版。

这是一本被名字耽误的书。作者巴拉巴西主要研究复杂网络科学。他带领团队用数据分析来研究成功与能力、社会网络的关系，最终得出结论：你的成功不取决于你的能力表现，而是取决于社会，以及社会如何看待你的能力表现。书中概括了成功五大普适定律，你可以感受一下科学家是如何讲"成功学"的。其中第一定律具有一定的解释力：能力表现驱动成功，当能力表现无法被衡量时，社会网络驱动成功。这也很好地解释了为什么知名的专家不一定是专业能力最强的人。有些领域的专业能力无法被衡量，比如教育、商业，都存在一定的模糊性。这本书在科学层面阐释了"怀才不遇不能怪别人，只能怪不够重视投资于人"。坦然接受社会网络在成功中扮演的重要角色，在人与人的互动中体会做人做事的道理。

推荐理由：一本被名字耽误的好书。

5.7 设好边界

怎样选择能减少犯错概率?

机会来了如何取舍?

如何设定边界?

知道不做什么，比知道做什么更重要。

高明的方法看起来往往朴素而简单。小学时老师就教过，遇到不会的题目，先从选项开始，用排除法把所有错误答案都去掉，剩下的就是正确答案。

去掉错误答案，其实就是查理·芒格所说的"逆向思维"。对于复杂的系统和人类的大脑，采用逆向思维，往往会使问题变得更容易解决。

要知道不做什么，并且把不做什么归纳总结好，变成一条一条的原则，不再反复犹豫，这就是设定边界。

在边界内放心大胆地努力尝试。想到就去做，不要犹豫。

而在边界外，保持谨慎态度，抵制诱惑，减少犯错概率。

怎样设定边界？以面对机会为例，你需要在价值观、专业度、精力分配三个方面建立边界，如图 5-7 所示。

图 5-7　面对机会的三条边界

第一条边界为价值观边界，不好意思发朋友圈的事情不要做。

价值观边界是第一道防线。有人可能认为法无禁止即可为。我建议还是要把底线提高一点。有一个很简单的判断标准：你敢不敢发朋友圈介绍将要做的事情。如果你觉得难为情，最好就不要做了。

比如，有人介绍了一款效果神奇的保健品给你，希望与你合作推广，虽然是正规公司的产品，但是你用多年的科学常识判断存在智商税的嫌疑。虽然合作条件诱人，最终你还是果断拒绝。

在你接触各种商业机会后，经常有人建议你"跳出舒适圈"。这其实是在混淆概念。跳出舒适圈是学习新知识，如果引起价值观上的不舒适，这很可能是潜意识在预警。

第二条边界为专业度边界，不懂行的事情不要做。

每个行业都有自己的门道。改造行业的事交给像埃隆·马斯克这样的人，普通人应该找到属于自己的天地，咬定青山不放松，用多种方法解决一个行业的问题，而不是用一种方法试图解决所有行业的问题。

我遇到过一位学习能力很强的老师。她有多年的市场营销工作经验，写文案、拍短视频、直播、运营社群上手都很快。几年前我看到她的标签是营销顾问，后来变成女性成长顾问，再后来是文案专家，现在是个人品牌顾问。在不断转型的过程中，她踩了不少坑。比如，虽然客户都是女性，但老客户并没有需求，每次都要重新找客户。另外，行业内卷严重，她所在的社群至少有一半人都是个人品牌顾问，很难做出差异化。现在她处于进退两难的局面。

第三条边界为精力分配边界，另起炉灶的事情少做。

我建议，另起炉灶的事情，也就是需要完全从零开始学习、没法借力现有基础的事情，少做。

你发展得越好，找到你的机会越多，选择余地也越大。有些事情可以复用现有的资源能力，尝试一下无妨，效果不错就考虑加大投入；而有些事情，虽然如日中天，但和你原有的资源、能力不匹配，一旦选择这些事情，你就需要做好放弃原有业务的准备。

比如，我访谈过一位理财专家，她的专业能力很强，尤其擅长做大客户的复杂定制方案。随着短视频、直播的火爆，很多人建议她尝试做财经类博主。她仔细分析后，发现自己不享受给外行人做科普的过程，对于出镜也有很强的不适应感。最后她选择用不出镜的方式制作短视频内容，同时建了一个自己的投资理财小圈子，靠付费社群不断给目标用户展示专业能力，收获了不错的效果。

除了以上大方向，每个人都可以根据自己的理解制定很多小细节。

比如，我给自己定了两条边界。

- 相处少于 3 年的朋友不合伙做生意。
- 不向客户出售超过其年收入 10% 的产品或服务。

访谈案例

燕萍（化名）是一位社群团长。她的创业经历十分坎坷。她来自山东潍坊，和老公一起做一点小生意，后来孩子出生她就在家里照顾孩子。她一直想找点事做，补贴一下家用。当时正赶上微商红利爆发，她被姐妹拉着一起卖面膜，稀里糊涂地投进去 8 万多元，也没挣到多少钱。现在家里还堆着一些库存货，她也懒得扔。她说就当花钱买了一个教训吧，可以时刻提醒自己。后来她陆续做了其他的社群生意，社区团购火的时候卖过水果，后来一直在卖图书和教育产品。她说这么多年最大的收获就是积累了一批忠实的粉丝。这些年赚的钱不多，但也没有再赔过钱，最多就是浪费一些时间。我问她是如何做到的，她说很简单，第一，凡是要先投资、囤货、当代理的坚决不做；第二，只卖自己日常会用的产品，且一定会先买回来试试看。我听完之后觉得很有道理，把这两条写入我的课程。

推荐好书

《投资中最简单的事（更新版）》，邱国鹭，中国经济出版社，2020 年出版。

这是一本很多业内的朋友都推荐过的投资入门书。作者邱国鹭是资深投资人、高毅资产董事长。邱国鹭是价值投资的信徒，用最简洁直白的语言阐述企业、行业、产业的投资方法。当然除了投资，这本书里也处处体现作者的投资哲学和决策原则，将投资简单总结成一句话："知道自己的能力边界，发挥自己的优势，买便宜的好公司，注意安全边际，注重定价权，人弃我取，在胜负已分的行业里找赢家。"作者认为每个投资人都有自己的能力边界和局限性，没有边界的能力就不是真的能力，他就更擅长总结过去的规律，不容易准确预测未来的突破，因此选择了价值投资的流派。决策的学习需要放在具体的场景下，投资和商业经营就像硬币的两面，这本书中的思考方法和价值判断对我启发很大。

推荐理由：如果你喜欢张磊的《价值：我对投资的思考》，这本书一定也对你的胃口。

5.8 小心暗礁

如何理解风险？

普通人会遇到哪些常见的商业风险？

如何防范风险？

投资这个游戏的第一条规则就是你能够玩下去。

防范风险，小心暗礁，只要不离开牌桌，总会有挣钱的一天。

做任何事情先考虑失败。

不能成功了都是自己伟大，失败了那是环境变化。

坚持长期主义，成功是水到渠成的事。不过比成功更值得关注的是可能导致失败的风险。

管理好风险，收益自然就有了。

普通人在迈向超级个体的路上有哪些暗礁？

我列举了两条非常重要的风险提示，每一条背后都是无数前人的教训（见图 5-8）。

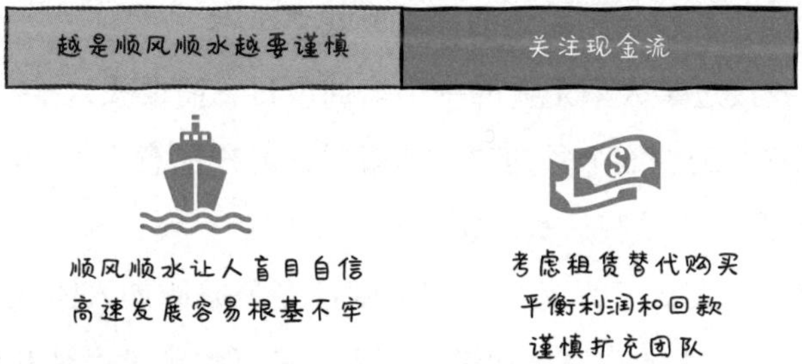

越是顺风顺水越要谨慎	关注现金流

顺风顺水让人盲目自信
高速发展容易根基不牢

考虑租赁替代购买
平衡利润和回款
谨慎扩充团队

图 5-8 两条重要的风险提示

第一，越是顺风顺水越要谨慎。

德州扑克中，牌越好越意味着危机重重，要谨慎把握。因为发展顺利，形势一片大好，所以你可能开始考虑 3 年、5 年后的远景，于是头脑发热，加大投入，埋下隐患。

举例来说，我周围的朋友包括我自己都有过这样的经验教训。业务发展很好，于是多招人，换大办公室，按照 3 倍增长的预估大手笔投入配套设施的搭建。结果增长放缓或者外部市场环境变化，成本激增、收入锐减。为了养活团队，被迫拓展短期挣钱的业务，最后不得不解散团队。

普通人也会面临同样的问题。我有一个朋友，刚开始自己一个人直播，效果不错。他马上按照最高配置，租直播间，买设备，招募团队，四处报课程学习。半年不到，他前前后后花了 50 万元，产品只卖出了不到 5 万元，最后他还是回到原点——自己上。

顺风顺水除了让人盲目自信，还有其他隐患。高速发展期，注意力都放在增长上，体系建设比较粗糙，容易根基不牢。

比如，我在试水视频号直播的时候，有两个月涨粉特别快。我的关注点都放在如何优化直播内容上。突然有一天，直播被中途掐断，账号直接被处罚，需要半年才能恢复正常。原来是我没有留意最近直播间更新的规则，某些关键词触发了处罚机制，结果辛辛苦苦做的账号几乎是推倒重来。

类似的事情，我了解到的还有设置错了价格、产品质量问题、法务不规范引起合同纠纷等，如果不注意避坑，都会损失惨痛。

第二，关注现金流。

现金流是个人从事商业活动最容易忽视的风险。我们总是盯着利润，而忘记关注账上有多少钱、在收入到账之前还需要花多少钱。

举例来说，我接过某大型企业的一个培训项目，需要投入 15 万元支付老师的课酬和团队的工资，为期 6 个月的项目结束后，客户愿意支付 30 万元费用，算下来有 15 万元的利润。于是我认真准备，拿下了项目。项目开始之后，我发现现有团队没法满足客户需要，于是又花钱请了两位专家兼职加入团队。做到一半，已经花了 12 万元，客户方的节奏突然慢了下来，最后略带歉意地和我说，因为种种原因项目延迟到明年接着做。项目延迟让成本激增，而项目收入还遥遥无期。最后我相当于帮客户垫付了 10 多万元，直到 2 年后才收到回款。

利润解决发展问题，而现金流解决生存问题。现金流出了问题，你可能撑不到看到利润的那一天。在财务专家看来，现金持有水平是所有企业财务特征中，预测破产风险最重要的一个指标。有研究发现，在 20 世纪 90 年代，每 4 家破产的企业中，有 3 家是盈利的，只有 1 家是亏损的。

个人关注现金流风险并不复杂，把握以下几个最常见的情况，即可解决大部分问题。

1. 当你准备购买时，先想一想能不能租赁。购买长期来看可能更省钱，但会占用大量现金流，有时候还会出现买错了、用不上了等意外情况。租赁能够降低风险，节约现金流。

2. 与企业合作时，除了要考虑利润，也要考虑回款时间、是否需要垫付等因素。适当出让一部分利润换取更快的回款时间很有必要。如果有可能，尽量先收钱，再做事，不要垫付。催款对于个人来说是一件非常消耗精力的事情。

3. 不要为了短期的项目扩充团队。增加团队成员是一项长期开支，应该仔细思考是否真的有必要。如果是短期需要，最好选择项目合作制。

── 访谈案例 ──

佩珊（化名）是一家线下儿童教育机构的老板，她刚刚把公司关掉，但她并没有太多留恋和沮丧，因为几乎没有赔钱。事情要从 3 年前说起，当时她和一位音乐老师合伙开了这家儿童教育机构。该音乐老师负责教学，她负责经营。由于刚刚买了房子，她手头的钱也不多，她想方设法地节约成本。场地这块，她打听到有朋友的培训机构教室闲置，就与朋友签订了分租协议，共用教室，还免去了押金。教学器材上，虽然租金不低，但是她还是选择了租赁，为这点还与合伙人闹过矛盾。合伙人认为长期来看购买更省，而且旧的器材看起来也不够体面。而佩珊觉得家长真正在乎的是教学质量，器材采购是一大笔费用，先用着租赁的器材再看是否需要采购。事实证明，佩珊很有商业头脑，两家共用场地不仅便宜，还能相互推荐生源。器材更新换代快，已经换过好几批器材，当时如果购买，器材肯定会闲置。再后来受到疫情影响，生意不好。佩珊和合伙人一商量，一致决定把公司关了。经过友好协商，终止场地租赁只赔了一个月的租金；器材直接退回去，没有损失。她说，幸亏自己当年手头紧，有意识地控制成本，在实体教育行业一片哀声中，能全身而退已经是不幸中的万幸了。

─── 推荐好书 ───

《黑天鹅：如何应对不可预知的未来》，纳西姆·尼古拉斯·塔勒布，中信出版社，2011 年出版。

世界上有两种作者，一种叫塔勒布型作者，另一种叫其他作者。塔勒布型作者先用结果证明自己是对的，再写书告诉你为什么。其他作者的观点是否正确还需要时间的检验。我是典型的其他作者，在本书的最后一节我选择推荐塔勒布的成名作，因为我希望有一天我也能成为像塔勒布一样的作者。塔勒布是华尔街最有传奇色彩的对冲基金经理。他穿越周期，历经 3 次股市大崩盘，却从风险中逆向操作，赚得盆满钵满。他认为人类的大脑是一台强大的自动解释机器，会不停地给各种现象寻找原因。我们会对自己的认知产生盲目自信，用过去来推断未来。真正的风险是不可知的。这种事前无法预知，但具有重大影响力的不确定事件叫作黑天鹅。黑天鹅和扔骰子的风险不是一回事，扔骰子所得点数的概率是确定的，而黑天鹅出现的概率是未知的。不要总是妄想从过去推断未来。在此推荐大家认真读一读《黑天鹅：如何应对不可预知的未来》以及塔勒布的其他著作。我写的这本《单干：成为超级个体的 49 个关键动作》中所有的观点和案例都建立在用过去推断未来的基础上，具有一定的解释力，但千万注意没有因果关系。风险永远在看不见的地方，小心暗礁，做好防范。

推荐理由：事实上我建议把塔勒布的所有书都看一遍。

商业是在不确定中寻找机会，没有人能够穷举真实商业环境中的所有问题。

本书中 49 个超级个体的关键动作的真正意义在于教会普通人理解基本商业原则，以不变应万变。

真正会下棋的人，出手就是定式。老师会带着学生"打谱"。所谓"打谱"，即理解成型的套路，包括开局有哪几种方式、遇到困局如何破解、怎样走一步看三步等。商业也是同样的，学会一些发展个人商业的基本原理和方法，对每个向往美好生活并愿意为之努力的人来说，都是非常重要的事情。

此外，我对这本书还有更高的期待。我希望这不仅是一本书，还是开启未来10 年超级个体成长之路的邀请函。

我在书中忍不住透露出对华杉、冯唐、李一诺、刘润等咨询行业前辈们的钦佩，主要原因是他们都做到了知行合一。他们在书中提到的观点、道理，自己都在十几年如一日地践行。

我庆幸自己在不算晚的年纪理解了高手们的修行方法。我把这些方法如实记录下来，期待 1 年、3 年、5 年乃至更长时间之后，相信书中方法并践行的人，会感谢自己在某个时刻遇到了这本书。

我期待在 10 年后再版这本书，用 10 年间自己和读者的变化为书中的内容提供新的注脚。

最后，感谢我的职场启蒙老师陈澄波，他对专业的赤忱和追求自由的风格给了我同样的底色。感谢"书里有品"的伙伴吴波、刘建坤，他们的信任和担当让我有机会在工作的同时从事研究与写作。感谢我多年的合伙人李猷，他与我 10 多年来的默契和他的独当一面让我能放手去做符合长期主义的事情。感谢秋叶、战隼、王玥、李海峰、何捷、王润宇、行动派琦琦、笔记侠柯洲等老师在百忙之中为本书作推荐。

感谢人民邮电出版社智元微库的张渝涓、刘阳等老师，不辞辛劳，精益求精地共同打磨内容。

由于本书脱胎于访谈，所提供的判断和观点难免带有鲜明的个人经验主义烙印，请广大读者在阅读时注意甄别。由于作者的水平有限，疏漏在所难免，欢迎各位读者朋友批评指正。